# 의욕적이려면
## 무엇이 필요할까?

Original Japanese title:[YARUKI]WO HIKIDASU OUGON RURU UGOKU HITO WO
SODATERU 35 NO SENRYAKU                                          .

Copyright ⓒ 2016 Akihiro Numata
Original Japanese edition published by Gentosha Inc.
Korean translation rights arranged with Gentosha Inc.
through The English Agency (japan) Ltd. and Danny Hong Agency.
Korean translation copyright ⓒ 2017 by Docent publishers

# 의욕적이려면
## 무엇이 필요할까?

지은이 **누마타 아키히로**
옮긴이 **정혜주**

도슨트

# 차례

들어가며                                                                    6

## PART 1 의욕을 불어넣기 전 관계 형성의 철칙

01 꼭! 첫 만남에서 우호적으로 느끼게 만들어야 해야 한다          12

02 습관이 규칙을 넘어설 때 기준을 엄격히 해야 한다                17

03 어떤 일이 있어도 같은 편에 서서 신뢰를 쌓아야 한다              21

04 믿을만한 도피처가 되어야 한다                                      27

## PART 2 의욕을 주입하는 방법

05 상대방의 마음을 끌어당기는 3요소에 주목하라                    34

06 개성적인 보상으로 팀의 일체감과 기동력을 높인다                40

07 상대방을 흥미의 세계로 끌어당기는 것이 중요하다                45

08 결과 위주로 목표 달성 횟수를 늘리는 것을 우선시하라            48

09 의욕을 불러일으키려면 관여하지 마라                              52

10 스스로 설정한 목표 달성 경험은 다음 도전의 원동력이 된다      56

11 실행자의 수준에 맞추어 평가 기준을 낮추지 마라                  61

12 스스로 정답을 찾아내게 하라                                        64

13 처음부터 모든 것을 할 필요는 없다                                  67

14 도전하기 위한 의욕의 기본기를 키워라                              72

15 이기는 사고를 길들여라                                              75

16 결승점이 멀게 느껴진다면 작은 당근들로 방향을 잡는다          81

## PART 3 의욕 충전에 속도를 더하는 방법

| | |
|---|---|
| 17 칭찬할 때 단어를 선택하는 기준 | 90 |
| 18 자존감을 자극시켜주는 칭찬 방법 | 95 |
| 19 칭찬하는 사람을 늘려 자신감을 높여라 | 98 |
| 20 자신감을 주입하면 이미 결과치에 도달해 있는 상황이 된다 | 101 |
| 21 칭찬을 통해 반성할 기회를 갖는다 | 104 |
| 22 칭찬할 때 절대 비교하지 마라 | 107 |
| 23 지는 것이 두려우면 승부수를 늘려라 | 111 |
| 24 긍정은 의욕의 기본기를 탄탄하게 한다 | 115 |
| 25 모두의 의견을 이끌어내는 시스템 | 119 |

## PART 4 의욕 충만한 조직을 만드는 조건

| | |
|---|---|
| 26 하고 싶다는 마음이 들게 하려면 우선 의욕 스위치를 꺼라 | 128 |
| 27 상대방을 '좋은 질문'에 가두지 마라 | 132 |
| 28 잘하는 일을 찾을 수 있는 기회를 최대한 많이 만들어라 | 136 |
| 29 가르치는 입장에 서면 느낄 수 있는 것들 | 139 |
| 30 두근거림을 단련시켜라 | 144 |
| 31 보상받고 싶다면 노력하라 | 147 |
| 32 제한을 두고 생각하는 힘을 이끌어내라 | 151 |
| 33 상황에 따라 규칙을 배제하라 | 155 |
| 34 개인의 패배를 단체전에서 승리로 바꿔라 | 158 |
| 35 잘하는 것 vs. 의욕적으로 하고 싶은 것 | 164 |

| | |
|---|---|
| 부록: 경영력을 극대화시키는 6가지 포인트 | 168 |

| | |
|---|---|
| 나가며 | 170 |

## 들어가며

일이 잘 풀리지 않았을 때, 성적이 떨어졌을 때 자주 듣는 대표적인 말은 다음과 같다.

"할 마음은 있었어?"

"의욕을 냈어야지!"

어쩐지 자주 들었던 말처럼 느껴질 것이다. 성인이 된 후에도 회사, 아르바이트, 온갖 다양한 곳에서 귀에 딱지가 앉도록 듣는 말이다. 물론 나 또한 마찬가지이다.

동아리 활동으로 후배가 생기고, 사회생활을 하며 부하 직원이 생기고, 결혼해서 아이가 생겨 부모가 된 후 지금까지 끊임없이 들어 익숙한 '의욕'이라는 단어를 어느새 자신이 다른 누군가에게 말하고 있다는 사실을 깨달은 사람도 많을 것이다. 의욕을 내면 성적이 올라가고, 좀 더 좋은 결과가 나올 것이라 믿는 사람들이 많기 때문이다. 그렇다. 의욕이 있으면 일이나 숙제가 빨리 끝나고, 기대 이상의 결과를 낼지도 모른다.

그렇다면 '할 마음은 있었어?, 의욕을 냈어야지'라는 잔소리를 들었을 때를 떠올려보자. 지금 막 행동을 개시하려고 생각했더라도 이러한 말을 들으면 어쩐지 있던 의욕마저 사라져버린다. 분명히 하려 했던 일인데도 말이다. 의욕을 강요하는 말은 듣기 싫고 기분을 나쁘게 만든다. 이처럼 외부적 압력으로는 의욕을 샘솟게 하기 힘들다.

어렸을 때 담임 선생님이 "집중하세요."라고 자주 말했을 것이다. 아이는 눈앞에 재미있는 게 나타나면 자신도 모르게 주의가 그쪽으로 쏠리게 된다. 그러면 공부는 뒷전이 되면서 반 전체의 분위기가 시끄럽게 바뀐다. 처음부터 공부를 좋아하는 아이는 없다. 나의 어린 시절을 떠올려봐도 숙제나 시험이 즐거웠던 기억이 손에 꼽을 정도이다. 아이들은 재미있는 것에 몹시 설렌다. 도저히 감추지 못하고 무의식중에 옆자리 아이에게 가르쳐주고 싶어 한다. 그러면 옆자리의 아이는 그게 뭐냐고 궁금해하며 순식간에 소란스러워진다.

"거기, 주목! 집중 집중!"

선생님이 손으로 탁자를 두드리고 소리를 질러도 이미 아이들은 호기심으로 눈을 반짝이고 있다.

재미있는 일만 하고 살아간다면 매일매일이 즐거울 것이다. 이는 어른도 똑같다. 매우 당연한 이야기이지만 누구나 잘 못하는 일을 억지로 하면서 견디기보다 즐겁고 재미있는 일을 하고 싶어 한다. 재미있다고 느끼는 것이라면 당연히 싫지 않을 것이다. 어떤 일이 벌어질지 기대되어 가슴이 두근거리거나, 마음이 들떠서 도저히 자리에 가만히 앉아 있지 못한다.

사실 이것이 '의욕'의 기본이다. 의욕은 스스로 나오는 것이다. 의욕은 자연스레 솟아나오는 것이다. 의욕을 내자고 마음먹거나, 열심히 노력한다고 하더라도 간단히 나오지 않는다. **의욕을 불러일으키 데에는 동기가 필요하다. 제대로 된 동기를 부여하면 의욕은 따라나온다.**

어떻게 해야 의욕이 나는지 기본 구조를 제대로 파악해서 동기 부여가 되는 환경을 만들어두면 어떨까. 이를 위해 지금 당장 시작할 수 있는 간단한 방법은 생각보다 무궁무진하다.

나는 초등학교 담임 교사이다. 내가 담당하고 있는 반에서는 '시끄러워'나 '집중하세요'와 같은 소리를 지르는 경우가 거의 없다. 수업이 시작되면 한순간에 조용해지고 모든 학생이 나에게 주목하기 때문이다. 어느 날 내가 수업 시간에 늦었는데 아이들이 교단에 서서 미리 수업을 시작하고 있었다. 아이들이 처음부터 자발적으로 행동했던 건 아니다. 조금씩 동기를 부여한 결과 집중하는 일이 즐거워지고 습관이 된 것이다.

**한 번이라도 두근거린 적이 있는 사람이라면 누구나 의욕의 기본이 내재되어 있다.** 다시 말해, 두근거림을 느끼지 못하는 사람은 없으며 다만 마음속 깊은 곳의 의욕을 이끌어내는 방법을 잘 알지 못하고 있을 뿐이다. 의욕은 감각이 아니다. 태어난 순간부터 갖춰져 있는 것이다.

해야 할 일이 있어 TO-DO 리스트를 만들기는 했지만 그저 만들어두기만 해서야 결과는 언제까지나 그대로이다. 일도 공부도 방법 하나로 얼마든지 즐거워질 수 있다. 의욕은 내는 게 아니라 자발적으로 나오는 것이다. 동기 부여만 되면 좀처럼 움직이지 않던 사람도 거짓말처럼 행동하기 시작한다.

이 책에서 소개하는 방법은 초등학생에게 적용해도 잘 따라 할 정도로 쉽다. 뿐만 아니라 어려운 말은 단 한마디도 사용하지 않아 한눈에 이해할 수 있을 것이다. 지금부터 의욕을 불러일으키는 방법으로의 여정을 떠나보자.

PART 1

# 의욕을 불어넣기 전
# 관계 형성의 철칙

## 01 | 꼭! 첫 만남에서 우호적으로 느끼게 만들어야 한다

　사람들이 의욕을 내주기를 바라는 데에는 이유가 있다. 지시한 일을 완벽한 형태로 가능한 빠르게 끝내고, 좋은 성적을 받고, 나아가 좋은 결과가 나오기를 기대하기 때문이다. 물론 최고의 시나리오는 지시를 내리기 전에 스스로 시작하고 좋은 결과를 내주는 것이다. 짜증을 내면서 가르칠 일도 없고, 상대방이 일을 알아서 하기 때문에 심적 부담 또한 점점 줄어든다.

　'제대로 설명을 해주었는데도 생각대로 움직여주지 않는구나' 하고 한숨을 쉰 적이 있지 않은가? 나는 상대방에게 완벽하게 지시를 내린 것 같은데 상대방이 그 일을 하려는 의욕이 있는 것인지 도무지 알 수 없을 때 말이다.

의욕이 나오는 계기나 방법에 대해 이야기하기 전에 한 가지 알아두어야 할 점은 **의욕이 나오기 쉬운 환경이 따로 있다**는 것이다. 그렇다면 그 환경은 어떻게 만들 수 있을까?

새로운 일을 시작할 때는 보통 '첫 만남'의 자리를 가지게 된다. 나는 초등학교 교사라서 해가 바뀔 때마다 새로운 학생과 만난다. 보통 회사의 경우라면 신입 사원이 배속되거나, 인사이동으로 새로운 후배가 생기거나, 신규 프로젝트에서 새로운 멤버와 만나기도 한다. 이는 새로운 인간관계를 구축하는 시작 지점이다.

우리는 첫 만남에서 초면인 상대방을 마주하고 '이 사람은 어떤 사람일까' 궁금해한다. 오늘부터 동료가 될 사람이니까 기왕이면 친절하고 좋은 사람이기를 바라면서 상대방의 얼굴을 바라볼 것이다. 이러한 반응은 서로 마찬가지이다. 그 사람도 초면인 당신이 좋은 사람이기를 기대하는 마음은 매한가지일 것이다. 특히 당신이 연상이거나 선배, 상사인 경우라면 상대방은 다음과 같이 생각할 수 있다.

'괜찮으려나…'

여기에 아주 중요한 포인트가 있다. 상대방으로 하여금 **어**

쨌든 괜찮을 거라고 생각하게 만드는 것이다. 첫 만남에서 **제대로 이야기를 할 수 있는 가까운 거리를 만드는 일**은 매우 중요하다. 앞으로 지시를 내리기 쉬우면서도 우호적인 관계를 만드는 것이다. 키포인트는 처음 만나고 나서 3분 만에 결정된다. 그러므로 상대방에게 **3분 만에 적이 아니라는 사실을 이해시키고, 상대방을 안심하게 만드는 일**이 중요하다.

나의 첫인상은 '경계해야 할 타입'인 것 같다. 지금은 꽤 사이가 좋아진 반 아이들이 입을 모아 그렇게 말했기 때문이다. 이와 같은 이유로 처음 만나는 자리는 다른 사람보다 더 신경을 써야 한다. 처음 만나고 3분 만에 '무섭다고 생각했지? 사실 그렇지 않아'라는 느낌으로 편안한 인상을 심어주고 경계를 풀어간다. '어라, 의외로 무섭지 않네'라고 상대방을 안심시키는 것이다. 나는 당신의 적이 아니라 같은 편이라고 믿게 해주어야만 한다.

공통적으로 아는 사람이 있거나, 그 사람에 대해 이야기할 거리가 있다면 활용해보는 것도 한 방법이다. 어쨌든 무조건 시도해야 한다. 미소도, 웃음소리도, 풍부한 표정도, 전부 사용해보자. 만약 상대방의 표정이 '나쁜 녀석은 아닌 것 같다'라며 풀리는 것 같으면 1단계는 넘어선 것이다. 마음을 조금이라도 허락해주었다는 의미이니까 말이다. 만약 상대방이 미소를 짓는다면 '재미있는 녀석이구나'라며 당신에게 흥미를 갖기 시작했다는 증거이다.

당연한 이야기이지만 첫 만남 때 상대방은 당신을 잘 알지 못한다. 이는 만나서 이야기를 시작한 순간이 이미지를 만드는 최대의 기회라는 말과 같다. 그러니 이 기회를 잘 살리면 앞으로 일은 매끄럽게 잘 흘러갈 것이다. 하지만 그렇지 못하면 이후에 원하지 않는 상황이 벌어질 수 있다.

그렇지만 **경계가 풀렸다고 해서 거침없이 상대방의 영역에 발을 들이지 않도록 주의하는 일이 필요**하다. 예를 들어, 이름을 부를 때도 조심해야 한다. 나의 경우 학생들과의 첫 만남은 초등학교 1학년에서 6학년으로 나이 차이가 꽤 나는 아이들이다. 하지만 아무리 아이라 하더라도 처음에는 존댓말로 부른다. 아이라는 이유만으로 첫 만남에 반말로 호칭하는 것은 선생님이라는 권위를 앞세워 따르도록 하는 것으로 인식할 수도 있다. 그러면 의욕을 불러일으키는 자유로운 분위기와 생각의 확산 영역을 초면에 차단시켜버리는 격이 되는 것이다. 누구인지 제대로 파악되지 않은 사람이 처음부터 다짜고짜 이름을 부르면 기분이 그다지 좋지 않을 것이다. 자기소개를 하자마자 바로 성을 뺀 이름으로 허물없이 불린다면 무례하게 느낄 수 있다. 이야기의 흐름은 마음을 터놓고 조금씩 말을 놓기 시작하면서 진솔해진다는 점을 기억하자.

어쨌든 **안심할 수 있는 인간관계를 만드는 것이 중요**하다. 경계심이 강한 상황에서는 지시를 그대로 받아들이지 않고 자기 마음대로 해석해버리는 일이 벌어지기도 한다. 처음 만나는 자리는 커다란 기회이다. 시선을 내리깔며 경계심을 부채질하거나, 지시를 내리기 어려운 관계가 되지 않도록 신경을 쓰자.

나는 새 학기가 시작되고 2주가량이 지난 후 "이제 이름으로 불러도 될까요?"라고 반 아이들 모두가 모인 앞에서 동의를 구한다. 교사이자 연장자인 내가 아이를 향해 '동의를 구한다'는 절차를 밟는 일이 성인들 세계에서는 '이 사람은 제대로 된 사람이구나'와 같은 안도감으로 연결되는 것이다.

## 의욕 충전 UP!

- 처음 만나는 자리의 대화에서 같은 편임을 인식시킨다.
- 경계심이 없는 환경이 조성되어야 서로 간 요구 사항을 받아들이기 쉽다.

관계가 깊어지고 마음의 거리가 가까워지면 반드시 나타나는 현상이 '습관'이다. 교사 생활을 시작한 지 10년이 넘었지만 일을 하면서 습관을 제어하는 일이 쉽지 않다. 상황이나 사람에게 익숙해지는 일 자체를 잘못되었다 할 수는 없지만, 습관이 규칙을 넘어설 때가 있기 때문에 문제가 되는 것이다.

이를테면, 진행 중인 프로젝트가 막바지에 이르고 부하에게 스스로 판단하게끔 일을 맡겼다고 하자. 그래서인지 그 부하 직원은 늦게까지 남아 야근을 하고 필사적으로 열심히 일에 매달리는 모습을 보였다. 하지만 그렇다고 해서 직원 전원이 출석해야 하는 다음 날 아침 회의(규칙)를 '난 전날 야근했으니까'(습관) 하는 스스로의 판단으로 불참해서는 안 된다.

아이들의 경우는 어떨까? 어떤 학생들은 평소 너그러운 담임 선생님의 교육 방식을 무슨 일을 하든지 무조건 허락한다는 것으로 확대 해석해서 학교에서 금지하고 있는 게임기를 가져올 때가 있다(습관). 당연히 안 되는 것은 안 된다.

**규칙에서 벗어났다는 사실을 알게 된 순간 주의를 주어 고치도록 한다.** 명백한 규칙 위반인 경우에는 **시간을 더 두고 지켜볼 필요가 없다. 정확하고 명확하게 규칙을 제대로 전달하는 것이다.**

그러나 이 '습관'이라는 것은 지시를 내리는 쪽에도 찾아오게 마련이다. 상대방이 조언을 제대로 알아듣게 되고 어느 정도의 질타와 격려도 애정으로 받아들이게 될 무렵, 익숙함으로 인해 **도를 지나치는 불상사**가 발생한다. 거리가 가까울수록 이러한 상황이 일어나기 쉬우니 반드시 주의해야 한다.

"아, 안 돼, 안 돼! 그게 아니라고!"

항상 함께해왔던 일이라서 세세한 사정을 듣지도 않고 일단 알겠다는 얼굴로 무심하게 주의를 준 적은 없는가? 또 나중에 상대방이 옳았다는 사실을 알고 나서 후회한 적은 없는가? 실언은 상상도 할 수 없는 속도로 관계를 음식물 쓰레기처럼 부패시킨다. 눈 깜짝할 사이에 상대방은 당신을 비호감 리스트에 올려버릴 수 있다. 잘 쌓아왔던 신뢰 관계가 무너지는 것은 한순간이다. 누구나 잘못을 저지른다. 하지만 잘못이 걷잡을 수 없어지기 전에 즉시 사과하는 태도를 지닌다면 적어도 문제를 바로잡을 수 있는 기회는 얻을 수 있다.

평소 사이가 좋았던 학생에게 "그거 틀렸잖아!"라고 큰 소리로 꾸짖었는데, 사실은 내가 틀렸다는 것을 다른 선생님에게 듣고 나서 서둘러 "미안하다. 정말로 미안해."라고 몇 번이나 사과했다. 다행히 학생은 "알고 있어요. 괜찮아요."라고 용서해주었다. 내가 선생님이라는 이유로 잘못을 인정하지 않고 쓸데없는 권위를 내세웠다면 이 학생과의 관계는 개선되기 힘들었을 것이다.

**실언을 했다면 바로 사과하자. '내가 상사인데…, 내가 부모인데…'와 같은 식으로 입장이나 체면을 생각해서는 안 된다.** 용기를 내서 사과하고, 제대로 사과하는 사람이라는 점을 전달하면 이를 계기로 신뢰 관계가 깊어지기도 한다.

**절대로 사과하는 타이밍을 뒤로 미루어 도망치지 않는다.** '잘못했다'고 말하기 힘든 입장이라면 '도가 지나쳤다, 미리 이야기하지 못했다'라는 표현을 사용해서 반드시 사과한다.

모처럼 쌓아온 신뢰 관계를 잃어버리지 않도록 세심한 주의
가 필요하다.

## 의욕 충전 UP!

- 규칙에서 벗어났다면 그 자리에서 명확하게 지적한다.
- 실언을 했다는 사실을 깨달은 순간에 반드시 사과한다.

사회인으로서, 팀의 일원으로서 일하기 시작하면 선배들이 많은 기본 규칙을 가르쳐준다. 경험치가 낮을 때는 눈앞에 놓인 일을 해결하느라 주변이 잘 보이지 않는 경우가 많다. 너무 열심히 몰입한 나머지 잊어버리기 쉬워 주문처럼 반복해서 훈계를 듣게 된다. 그런데 이 다양한 규칙의 의미를 잘 이해해보면 사실 어렸을 때부터 부모님이나 선생님에게 계속해서 들어왔던 것들이기도 하다.

그중에서도 반드시 기억해야 할 세 가지는 '**보고, 연락, 상담**'이다. 상사에게 보고하고, 연락하고, 상담하라는 가장 일반적인 규칙이다. 이미 알고 있던 일을 실수하는 바람에 '아, 보고하는 걸 잊어버렸어'라고 깨닫는 자신의 모습을 마주하게 될 때가 많다. 예전부터 이어져온 규칙에는 중요한 의미가 있다. 그렇기 때문에 반복적으로 자주 훈계를 듣는 것이다. '보고, 연락, 상담'은 문제가 일어나거나 실수를 저질렀을 때 최대의 효과를 발휘한다. 인간이기 때문에 당연히 실수할 수 있다. 하지만 실수를 감추다 보면 반성할 기회를 잃게 된다. 그뿐 아니라 문제가 갑절로 커져버리는 일도 생길 수 있어 위험하다.

우선 **무슨 일이 있어도 부하 직원으로부터 보고를 받도록 한다.** 다소 지나치다 느낄 수 있지만 확실한 신뢰 관계를 구축하기 위해서라도 정말 중요한 일이다. 어떤 문제가 생겼는데 그 이야기를 다른 사람에게 전해 듣고서 알게 되면 부하를 지켜주기 힘든 상황이 발생할 수 있기 때문이다.

'보고, 연락, 상담'을 가르칠 때 같이 언급해야 하는 게 있다. 당신 또한 상대방에게 하나의 약속을 해야 하는데, **보고를 제대로 받았다면 무슨 일이 일어나도 꼭 지켜준다**는 것이다. 어떤 경우라 하더라도 같은 편이 되어주는 것, **나를 지켜준다는 안도감은 신뢰 관계의 디딤돌이 된다.**

한번은 4학년 남자아이 성우(가명)가 버스를 타고 가던 중에 저학년인 여자아이를 때려서 울린 일이 있었다. 성우는 나에게 숨기지 않고 여자아이를 때렸다고 알렸다(보고).

"제가 때렸으니까 제 잘못이에요."

본인이 직접 와서 이야기를 했고 반성도 하고 있어서 나는 성우를 지켜주어야 한다고 생각했다. 그래서 무슨 일인지 자세히 듣기로 했다.

"네가 다른 사람을 때리는 아이가 아니잖아. 무슨 이유가 있었겠지. 말해줄래?"

"사실은…."

듣고 보니, 여자아이가 버스 안에서 굉장히 큰 소리로 떠들었고 성우는 "주변에 방해가 되니까 조용히 해!"라며 주의를 주었다. 하지만 그 여자아이는 조용히 하기는커녕 오히려 목소리를 높여서 "시끄러워. 너야말로 떠들고 있잖아."라고 화를 냈다는 것이다.

"떠들지 않았어."

"떠들었거든."

이렇게 주고받다가 결국에는 "네 이야기 더 이상 듣고 싶지 않아. 나이 많다고 으스대지 마."라는 험한 말까지 나오게 되었다. 순식간에 내뱉은 이 말에 성우는 분노가 치밀어올라 저도 모르게 손이 올라가버린 것이다.

이해는 하지만 그렇다고 해서 폭력이 절대 허용되어서는 안 된다. 하물며 상대는 몸이 작은 저학년 여자아이이다. 반의 문제는 담임 선생님의 책임이다. 게다가 '지킨다'라는 약속도 지켜야 할 때였다. 나는 성우를 제대로 지도하지 못한 책임이 있으니 그 여자아이에게 사과하러 갈 때 함께 가기로 했다. 자신의 잘못인데도 담임 선생님이 사과하러 같이 간다고 하니 성우는 놀라는 눈치였다. 맞은편에는 여자아이의 담임 선생님과 여자아이가 있었다. 그 아이는 "날 때렸어. 때렸다고."라며 소리를 질러댔다.

"고학년 학생이 이렇게 작은 아이를 때리다니 심하다고 생각하지 않니?"

맞은편의 담임 선생님은 떨떠름한 얼굴로 성우를 쳐다봤다.

"네, 담임인 제 책임이기도 합니다. 죄송합니다. 성우도 잘못했다고 생각하고 있습니다."

이렇게 말한 뒤 성우와 함께 "죄송합니다." 하며 둘이서 머리를 숙였다. 그러자 맞은편의 담임 선생님은 여자아이에게 "사과를 받았으니까 이제 괜찮지?"라고 물었다. 여자아이는 납득했는지 "이제 괜찮아."라며 용서해주었다. 성우는 겨우 안도하는 얼굴이 되었다. 하지만 돌아가기 직전에 나는 여자아이에게 이렇게 말했다.

"미안하지만 하나만 이야기할게. 버스 안에서 소란을 피워서 조용히 해달라고 주의를 주었는데 '네 얘기 더 이상 듣고 싶지 않아! 나이 많다고 으스대지 마!'라는 말이 돌아온다면 나라도 화가 날 것 같구나."

맞은편 담임 선생님은 깜짝 놀랐고 여자아이는 울음을 터뜨렸다. 나와 성우는 미소를 지었고 어깨동무를 하며 교실로 돌아왔다.

상대방 아이에게 말을 흘린 것은 칭찬받을만한 방법은 아니었지만, **'보고, 상담, 연락'이라는 세 가지 규칙을 지켜준 사람에 대해서는 같은 편에 서서 무조건 지킨다**는 것을 보여줄 수 있었다. 이는 상사와 부하 사이의 신뢰 관계를 만드는 데 반드시 필요하다.

실수를 했다고 해서 엄하게 질책하고 가차 없이 혼내서는 안 된다. 일방적으로 꾸짖기만 하면 거짓말을 해서라도 도망가고 상황을 모면하고 싶어지는 게 사람 심리이다. 스스로 반성하고 벌을 받으려고 하는 사람은 드물며, 잘못을 가볍게 하기 위해 더 큰 거짓말을 할 수도 있다. 그러다 거짓말했다는 게 들통나면 야단치는 사람의 감정이 격해지고 상황은 점점 꼬여 정작 중요한 진실이 무엇인지 알 수 없게 되어버린다.

상대방이 쓸데없는 거짓말을 하지 않게 하려면, 어떤 문제가 발생했을 때 **당사자에게 제대로 설명하면 반드시 같은 편이 되어주겠다는 태도를 전달한다.** 그리고 **몰아붙이지 말고 무슨 일이 일어났는지를 이해한다.** '안 되는 건 안 되는 거야' 하고 혼을 내는 게 능사는 아니다. 뿐만 아니라 다음에 똑같은 상황이 일어났을 때 질책이 두려워 숨길 가능성도 있다.

회사에서 프로젝트로 팀을 꾸려 일을 진행할 때는 무엇보다 서로를 믿고 맡길 수 있는 신뢰 관계가 중요하다. 상사와 부하 직원 간에 신뢰가 형성되면, 제대로 보고하면 문제를 해결할 수 있다는 믿음이 생기고 보고의 횟수가 더욱더 늘어날 것이다. 성실한 보고는 사전에 문제를 피할 수 있는 길로 이어진다. 보고 의식을 팀 내에서 공유할 수 있다면 문제 자체가 압도적으로 줄어든다. 이렇게 구축된 신뢰 관계는 안도감을 형성시키고 능동적으로 행동하게 하는 환경을 만들어준다.

## 의욕 충전 UP! _____

- 무슨 일이 있어도 보고한 사람 편에 서서 지킨다.
- 보고가 문제 해결로 이어진다는 의식을 공유한다.
- 지켜준다는 약속을 꼭 지킴으로써 신뢰를 유지한다.

상대방과의 거리를 좁히는 데에 유효한 또 하나의 방법은 그 사람을 잘 알아두는 것이다. 그러려면 '**관찰**'이 필요하다. 관찰은 팀에서 역할을 분담하거나 지시를 내릴 때 도움이 된다. 상대방이 어떤 식으로 커뮤니케이션을 하는 사람인지, 어떤 성격인지, 무엇을 잘하는지를 파악해두는 것이다. 그 사람의 발언에서 습관을 간파하고, 팀워크나 힘의 균형 등을 파악하며, 각자의 개성을 체크해둔다.

관찰하기 좋은 타이밍은 이른바 '**상대방의 어깨에 힘이 빠져 있을 때**'이다. 나는 주로 반 아이들을 점심 시간과 쉬는 시간에 관찰한다. 수업에 집중하고 있을 때는 다들 얼굴이 진지해서 표정이 잘 나오지 않는다. 이는 어른도 마찬가지이다. 어깨에 힘이 빠져 있을 때가 그 사람의 본성에 가까운 개성이 확연히 드러나는 순간이다. 직장 동료나 상사가 '밥 먹으러 갑시다' 하고 권하는 이유도 여기에 있다.

식사를 제안하는 일이 이르다고 생각된다면 커피를 마시면서 담소를 나누는 간단한 방법부터 시작해보자. 아직 마음을 터놓지 않은 상황에서 억지로 술을 마시러 가자고 강권하면 오히려 진심을 감추게 되므로 '어깨 힘이 빠져 있는 때'라는 순간을 고려해 가벼운 만남을 제안하는 것이다. 일을 할 때의 세세한 습관 같은 것에서부터 쉬는 날에는 주로 무엇을 하는지까지 가벼운 마음으로 이야기를 나누며 가능한 한 폭넓은 정보를 수집해두는 것이 좋다.

**상대방이 흘깃 보는 것은 관심을 가져달라는 사인으로 생각해도 된다.** 하지만 관계가 그리 깊지 않은 시점에서 호들갑스럽게 들이대면 상대방은 어색해하고 부담스러워하며 거리를 두려 할 수 있으니 주의가 필요하다. 이럴 때는 무리하게 눈을 맞추려 하지 말고 그저 지켜보고 있다는 느낌을 주는 것이 어떨까. 이와 같은 사소한 배려는 안도감을 쌓아준다.

사람들은 경험을 쌓으며 성장하고 그에 맞춰서 마음도 시

시각각 변한다. 그렇기 때문에 **관찰 데이터를 성실하게 업데이트해야 한다.** 나는 반 아이들에게 '매일 일기'를 써서 제출하게 하고 있다. 아이들과의 의사소통에서 빠뜨릴 수 없는 숙제이다. 매일 일기에는 어떤 내용을 써도 상관없으며 문장의 분량도 자유이다. 텔레비전을 재미있게 봤다고 쓰거나 '잘 자'라는 단어만 써오는 아이도 있다. 어쨌든 매일 뭐라도 써서 제출한다는 규칙이다. 나는 그 일기에 반드시 한마디 이상 코멘트를 써서 그날 안으로 되돌려준다. 고학년들은 매일 일기에 어느 정도 익숙해져서 가족이나 친구들에게 터놓을 수 없는 고민을 털어놓기도 하는데, 나와 당사자인 학생만 보기 때문에 친구들에게 고민을 들킬 일이 없다. 이 일기의 가장 큰 장점이다. 평소에는 터무니없는 이야기만 주고받는 일기가 어떤 때는 큰 도움이 되기도 하는 것이다.

어른들은 교환 일기를 쓰기가 어려울 수 있지만 만약 업무일지나 취업 보고서를 쓰고 있다면 마지막에 한마디 메모나 포스트잇을 붙이는 형태로 **질문이나 하소연을 하는 자리를 만들어두면** 좋다.

이야기를 잘 들어주는 사람으로 인식되면 난감한 일을 겪을 때 상의하기 쉬워지고, 세세한 보고가 당연한 일이 되면 문제를 조기에 발견해서 대처할 수 있게 된다. 이처럼 매일의 수고를 아끼지 않고 일상생활에서 소소하게 의사소통을 하기 위해 노력하면 신뢰 관계를 꾸준히 쌓아가는 데 큰 도움이 된다.

반드시 명심할 점은, **메모를 받은 당사자와 나눈 이야기를 다른 사람에게는 절대 말하지 않아야 한다**는 것이다. 나 또한 매일 일기는 부모님에게 읽지 말라고 부탁하고 있다. 그래야 아이들이 안심하고 본심을 스스럼없이 밝힐 수 있기 때문이다.

이 메모는 사방이 막혔다고 느껴질 때 도피처가 되어줄 수 있다. 그러니 **평소에 도망치는 길을 준비해두자.** 자그마한 고민도 가볍게 상의할 수 있는 사람이 되는 것을 목표로 하는 것이다.

## 의욕 충전 UP!

- 상대방의 어깨에 힘이 빠져 있을 때가 개성을 관찰하는 최적의 타이밍이다.
- 문제 발생 시 도피처가 될 수 있는 방편을 평상시에 확보한다.
- 관찰 데이터를 성실히 업데이트한다.

# PART 2

# 의욕을
# 주입하는 방법

의욕을 불러일으키게 하는 데에 빠질 수 없는 것이 바로 '두근두근하는 마음'이다. 두근거린다는 것은 '뭔가 재미있을 것 같다'는 흥미가 들끓는 상태이다. 또한 좀 더 보고 싶고, 알고 싶다는 호기심이 움직이고 있다는 증거이다. 사람은 재미있어 보이는 것을 맞닥뜨리면 마음이 동요하고 즐거워지면서 몸이 저절로 움직인다. 이 두근거림을 많이 느끼는 것이 의욕을 이끌어내는 포인트가 된다.

누군가에게 지시를 내리고 진행하고 싶은 것이 있을 때 지시를 내리는 맨 처음의 순간이 아주 중요하다. 교사인 나의 경우에는 학생들을 수업이나 과제에 집중하게 할 때이다. 직장인이라면 일이나 프로젝트 등을 시작할 때가 될 것이다.

사실 **모든 열쇠는 이 시작 지점의 설정에 있다.** 시작 지점에서 귀찮게 여겨지면 상대방은 좀처럼 움직이지 않는다. 재미가 없기 때문이다. 다시 말하지만 **재미있어 보이면 상대방은 자연스럽게 움직인다.** 반대로, 무슨 말인지 알 수 없는 지시가 내려오면 귀찮은 일로 간주한다. 이렇게 되면 일이 쉽사리 진척되지 않고 하고 싶은 일이 아니므로 행동도 느려진다. 무슨 지시인지 이해되지 않는 상태에서는 무엇을 해야 좋을지 모르기 때문에 당장 움직이기보다 상황을 지켜보게 된다. 상사에게 맞춰주려는 마음이 강한 사람들은 특히나 상황을 지켜보려는 경향이 있다. 결과적으로 일의 진행이 더디고 원하는 결과도 나오지 않을 확률이 크다.

**과연 알기 쉽게 지시를 내렸을까? 그 지시를 내가 받는다 하더라도 재미있을 것 같다고 느낄 수 있을 것인가? 이렇게 한 번쯤 상대편의 입장에 서서 생각해봐야 한다.** 재미없게 느껴진다면 상대방 또한 마찬가지이다. 일이나 과제는 해야 하는 숙제와 같은 것이라서 귀찮은 게 당연하다. 그러므로 최대의 성과를 목표로 할 때는 가능한 한 부정적인 마인드나 의심이 생기지 않게 하고, **상대방이 즐거움을 느낄 수 있도록 여유 있**

는 환경을 조성하는 것이 중요하다.

상대방에게 일이나 과제에 대해 지시할 때 알아두면 좋은 세 가지 요소가 있다. 상대방에게 지시 사항을 설명하기 전에 이 3요소에 대해 먼저 생각해보자.

- 과제(미션, 목표 설정)
- 제한(시간, 비용, 조건)
- 보상(보너스, 포인트, 인정, 칭호)

'과제, 제한, 보상'은 의욕을 불러일으키는 동기가 되는 기본 3요소이다. **이 3요소를 가능한 한 명확히 해서 상대방에게 지시에 대해 설명**한다. 만일 과제, 제한, 보상이라는 3요소가 제대로 갖추어져 있지 않다고 판단된다면 아직 준비가 부족하다는 의미이다. 3요소 중에서 먼저 과제와 제한에 대해 알아보자.

- 과제(미션, 목표 설정)

**과제를 발표할 때 반드시 필요한 것은 목표 설정이다. 특히 결과를 판단하는 타이밍이 명확해야 한다.** 그렇지 않으면 끝이 보이지 않고 의욕마저 사라져 감당하기 힘들어진다. 구체적인 시간 같은 수치를 제시하는 형태의 목표 설정도 있다. 어디를 목표로 하고 있는지를 처음에 설명하고, **항상 의식해서 반복적으로 떠올리며, 현재 상태를 확인하면서 진행해가는 것**이 중요하다. 목표는 반드시 처음에 결정해야 한다.

- 제한(시간, 비용, 조건)

과제를 발표할 때 동시에 전달해두면 좋은 것이 **제한**이다. 다시 이야기하지만 사람은 두근거리며 재미있다고 느끼면 저절로 행동하기 시작한다. 그 마음에 불을 지르는 동기가 되는 것이 바로 제한이다.

텔레비전 프로그램에서 자주 보이는 게임 코너가 알기 쉬운 예이다. '제한 시간은 10분이라든가, 사용할 수 있는 금액은 10만 원 이내라든가' 하는 식의 제한은 '시간에 맞출 수 있는지, 돈은 충분한지'와 같은 두근두근, 울렁울렁이라는 자극을 만들어내는 장치이다. **처음에 과제를 완수하는 조건으로서 상대방이 지켜야만 하는 제한을 내건다.**

업무 과제에는 예산이나 마감일 등의 기본 조건이 처음부터 따라오는 경우가 많다. 과제를 발표할 때 반드시 제한을 함께 전달하는 것이 중요하지만, 상대방의 경험치가 낮은 경우에는 그와 별개로 각각의 수준에 맞춰 **독자적인 제한을 두**

기를 권한다.

나는 아이들에게 작문 숙제를 낼 때 글자 수나 제한 시간 외에 '기쁘다,라는 말을 사용하지 않기'와 같은 식으로 게임의 성격을 더하는 제한을 두는 경우가 있다. "작문 시간입니다."라고 말하면 "에이!" 하며 불만을 토로하고 지루해하는 아이들도 금지 단어를 제시하면 과제를 완수하는 데에 의식이 쏠려 자신도 모르게 열중하게 된다.

직장인이라면, 오전 중에는 상사와의 미팅을 지양하고 스스로 결정한다거나, 오전 11시부터 1시간 동안은 다른 사람과 사담을 포함한 대화를 하지 않는다는 독자적인 제한을 만들어볼 수 있다. 이렇게 **제한을 설정하면 과제를 완수하기 위해 노력할 수밖에 없는 환경이 조성되어** 어떻게 문제를 해결할 수 있을까 자연스레 고민하기 시작한다. 오전에 상사와의 미팅을 하지 않기로 했다면 오후에 정리해서 이야기할 수 있도록 작업량을 효율적으로 배분하는 방법을 고안해낼 것이다. 또 1시간 동안 사람들과 대화하지 않기로 했다면 그때까지 어떤 일을 하면 시간을 효과적으로 사용할 수 있을지 고민하게 될 것이다.

제한을 둔 상태에서 과제의 완수가 순조롭게 진행되면 조건은 점점 까다로워진다. 다른 방법은 없는지 더욱더 고민하며 진지하게 필사적으로 아이디어를 생각한다. 이는 의욕에 불타올라 있다는 증거이다. 두근거리는 조건을 될 수 있는 한 많이 떠올려보자. 과제에 반드시 제한을 두기를 바란다. 제한은 사람의 마음을 움직이고 생각하는 힘을 길러준다.

## 의욕 충전 UP!

– 프로젝트를 진행할 때 반드시 최종 목표를 설정한다.
– 제한을 두면 해결하기 위해 고민하기 시작한다.
– 스스로에게도 재미있게 생각되는 지시를 내려야 한다.

## 개성적인 보상으로
## 팀의 일체감과 기동력을 높인다

과제와 제한에 이어 마지막으로 필요한 것이 '보상'이다. 어렸을 때 시험에서 100점을 받으면 부모님이 장난감을 사주겠다고 약속한 기억이 한 번쯤은 있을 것이다. 여름 방학 때 하루도 빠지지 않고 운동을 하면 선물을 사주겠다는 이야기에 필사적으로 운동을 다닌 적도 있으리라 생각한다. 보상이라는 것은 바로 포상이 있다는 말이다.

어른의 경우에는 일을 하면 돈을 받을 수 있다는 간단한 보상 제도가 있다. 샐러리맨은 일한 대가로 월급을 받는다. 단, 일이라는 커다란 테두리 안에서 매일매일 세세한 미션들을 완수해나가기 때문에 역시 각각의 과제에 대해서도 보상을 설정할 필요가 있다. **포상은 의욕을 증가시켜주는 중요한 요소이다.**

**과제를 제시한 다음 미션을 완수했을 때 얻어지는 보상 또한 함께 이야기해주는 것이 좋다.** 보상에는 다양한 종류가 있지만 무엇보다 '받으면 기쁜 것'이어야 한다. 보상은 크게 두 종류로 나눌 수 있는데, '**실익**'과 '**명예**'가 그것이다.

• **실익**(상금, 굿즈, 보너스, 포인트, 쿠폰)

게임을 예로 들면, 적을 쓰러뜨리면 상금을 획득한다거나, 보물을 받는다거나, 다음 행선지가 표시된 지도를 받는다. 게임을 유리하게 진행하는 데에 활용할 수 있는 것들이다.

실익은 학교 시험에서 성적이 오르면 올려주는 용돈, 실적이 뛰어난 사원에게 주는 인센티브, 스포츠 대회에서 우승하면 부상으로 수여하는 한정판 굿즈, 1위를 하면 받는 상금 등을 가리킨다. 실제로 사용할 수 있는 형태의 포상이다.

• **명예**(칭호, 칭찬)

콩쿠르에서 인정받으면 '○○상'이라는 명예로운 칭호를 받는다. 달리기 경주에서 1위를 하면 받는 금메달이나 우수한 문학 작품으로 선정되면 받는 각종 문학상 그리고 오랜 기간의 공적을 기려 선물하는 인간문화재라는 칭호 등이 명예에 해당된다. 이는 노력의 결과에 대해 받을 수 있는 가장 훌륭한 평가이다. 사람들의 인정을 받았기에 자랑스러움도 크다.

더 큰 의미의 범주에서 보면 칭찬 또한 여기에 들어간다. 사실 사람들이 일상에서 자신도 모르는 사이에 마음에 두고 있는 포상이 바로 칭찬으로, 가장 간단하게 줄 수 있는 포상이다. 다이어트에 성공해서 칭찬받았다, 요리가 맛있어서 칭찬받았다 등 노력한 결과를 칭찬받으면 기쁘기 때문에 더욱더 칭찬받고 싶어진다. 다른 사람들의 인정도 명예에 해당한다. 칭찬 기술을 제대로 연마하면 상대방의 성장에 큰 도움이 될 수 있다.

과제를 제시할 때에는 보상을 꼭 체크하자. 여름 휴가 스케줄을 누구보다도 먼저 정한다, 팀 전원에게서 커피 한 잔씩을 받는다, 다음 한 주 동안은 정시 퇴근이 보장된다 등 **개성적인 보상은 팀 전체의 사기를 올려주고 일체감도 증가시킨다.**

대형 프로젝트뿐만 아니라 매일매일의 작고 사소한 과제를 완수해도 칭찬이라는 포상을 하면 그다음의 의욕으로 연결된다. 내가 맡은 반에서는 다른 학생들에게서 "오~!" 하는 감탄사를 자아내게 하면 포인트를 얻을 수 있다. 포인트가 쌓이면 원하는 것에 대한 우선권이 주어진다. 보상이 따라오면 목표 달성감도 늘어난다.

내가 학생들과 함께한 감자 캐기 과제에도 지금까지 설명한 과제, 제한, 보상의 3요소를 찾아볼 수 있다. 학교 행사의 일환으로 감자를 캐는 체험 학습이 실시되었다. 밭에서 감자를 캐는 일이었는데 아무 데나 파서는 자잘한 감자밖에 나오지 않았다. 또 열심히 정성 들여 파도 작은 감자밖에 나오지 않는 장소가 허다했다. 감자를 캐는 작업은 생각 이상으로 체력이 필요한 작업이었다. 그러므로 최대의 성과를 내기 위해서는 마지막까지 체력을 유지해서 작업하는 것이 중요했다. 이때 감자 캐기 미션에 조건을 달았다. 제한 시간은 30분, 담임이 지정한 지역을, 반 모두가 구역을 나누어 최선을 다해 감자를 찾아내는 것이었다. 단, 캐낸 감자는 반 전체의 성과로서 한곳에 모아두었다. 그리고 마지막에 자기가 캐낸 감자를 가지고 돌아가게 했다. 끝까지 최선을 다해 감자를 캐냈기 때문에 누구 하나 자신이 캔 감자가 작다고 실망하지 않았다. 밭에 남은 도구의 뒷정리까지 모두가 힘을 모아 해치웠다.

과제에 조건을 달면 목표를 완수하는 데에 도움을 주는 의욕이 넘쳐난다. 포상을 받으면 마음이 고조되는 것이 겉으로도 보인다. 개성이 담긴 포상으로 팀 전체의 의욕을 높여주자.

- 과제 발표 체크 리스트

과제가 정해지면 아래에 제시된 사항이 갖추어져 있는지 체크해보자.

☐ 과제에 명확한 목표가 설정되어 있습니까?

☐ 시간이나 비용 등의 제한이나 개성적인 조건이 달려 있습니까?

☐ 매력적인 보상이 있습니까?

☐ 당신이 과제에 대한 지식이 제로인 상태이더라도 지시를 이해하고 재미있다고 생각하겠습니까?

## 의욕 충전 UP!

– 개성적인 보상은 팀의 사기를 북돋우고 일체감을 높인다.

다이어트 중인 여성에게 지방이 희끗희끗한 최고급 쇠고기를 내놓는다고 하자. 그러나 그녀는 살코기가 더 좋다며 기뻐하지 않을 것이다. 아무리 좋은 식재료라도 상대방이 원하지 않으면 의미가 없다. 상대방이 뭘 좋아하는지 고려하지 않고 호의를 베풀면 그 사람은 크게 당황할 것이다.

사람들은 흥미 없이는 쉽사리 행동하지 않는다. 상대방을 움직이게 하고 싶다면 그 사람이 '원한다, 하고 싶다'라고 흥미를 가지게 해야 한다. 그러므로 상대방이 무엇을 원하는지 이해하고 있는가의 여부는 매우 중요하다. 아무리 그 사람을 위해서 가르친다고 생각해도 상대방이 바라는 일이 아니라면 의욕은 잘 생기지 않는다. 다시 말해, 상대방에게서 의욕을 이끌어내고 싶다면 **상대방이 바라고, 하고 싶다고 생각하는 상황을 만들라**는 것이다.

의욕의 기본인 '재미'를 이끌어내기 위해서는 **상대방이 할 수 있겠다고 느끼는 과제를 제시하는 것이 중요하다.** 초등학생 대다수가 싫어하는 작문을 예로 들어보자. "좋아하는 것을 써보세요."라고 말해도 애초에 쓰기 자체를 원하지 않으므로 '좋아하는 것'이라는 장치로는 다소 부족하다. 그렇다면 어떻게 하는 게 좋을까? 상대방이 알고 있는 키워드를 사용해서 조건을 덧붙여보자.

"컵라면 뚜껑에 표시되어 있는 조리법을 극적인 사랑 이야기로 마음껏 바꿔보세요."

컵라면의 조리법은 누구나 한 번쯤 본 적이 있기 때문에 잘 알고 있고 익숙하다. 이를 새롭게 바꾸어 쓰는 일이라면 평소에 작문을 못하고 싫어했던 아이라도 시도해보고 싶다는 기분이 들게 한다. 사랑을 주제로 한 이야기는 드라마 같은 데에서 자주 보기도 했으니 이미지 또한 쉽게 떠오를 것이다.

**가능한 한 상대방이 흥미를 느낄 수 있는 세계로 가까이 끌어들이는 것이 중요하다.** 일방적으로 지시를 내리는 게 아니라

**상대방을 중심으로 생각하는 것이다.** 상대방을 잘 관찰해서 간단하게 이해할 수 있는 구체적인 키워드를 사용해 조건을 설정해보자. 기본적인 이해도 못했는데 강요당해서는 두근거림을 느낄 수 없다. 이러한 상태로 과제를 진행한다면 의욕이 오래 지속되지 않고 기술도 자리 잡지 못하니 주의해야 한다.

### 의욕 충전 UP!

- 상대방의 흥미를 이끌어낼 수 있는 조건을 설정한다.
- 지시를 일방적으로 설명하지 않는다.
- 상대방이 바라는 것을 제시하면 집중력이 향상된다.

## 08 | 결과 위주로 목표 달성 횟수를 늘리는 것을 우선시하라

   대부분의 어른들은 아이들에게 계획을 세우라고 말한다. 모든 것이 계획대로 진행된다면 '만사 오케이'로 이것이야말로 성공의 지름길이 아닐까. 우리나라 사람들은 지금까지의 교육에서 바로 이러한 '반복형'을 중시해왔다. 반복하는 과정을 중요하게 생각해 과정 자체도 평가 대상이 되는 것이다.

   물론 반복형도 목표에 이르기 위한 하나의 달성법이지만 여기서는 다른 방법을 추천하고자 한다. 바로 '결과 중시형'이다. 이는 목표의 비전만을 명확히 하는 방법으로 **과정보다는 목표를 중시하는 것**이다. 일반적으로 사회에서는 목표를 이룬 사람이 칭찬을 받는다. 즉, 과정의 평가보다는 결과를 중시한다.

간단한 예를 들면, 지방으로 출장을 가게 되었는데 비행기로 갈지, 기차로 갈지, 자동차를 탈지 등의 선택 사항에서 어떻게 가든 자신이 좋아하는 방법으로 가면 되는 것이다. 아예 하루 전날 미리 내려가 사람들을 기다려도 좋다. 굳이 함께할 이유가 없기 때문이다. 지방은 일을 위해 가는 것이지 가는 방법으로 평가받는 것은 아니다. 약속된 미팅 시간에 도착하기만 한다면 그걸로 된 것이다. 단, 제시간에 도착하지 못하면 그 이유에 대해서 확실히 확인해야 한다. 원인에 따라 실수가 개선되지 않으면 일에 지장이 생기기 때문이다.

나는 목표 지상주의자이다. 과정에 대해서는 각자가 진지하게 생각해보면 된다. **목표까지 가는 과정에서 어떤 방법을 쓰더라도 괜찮다.** 모두 같을 필요는 없다. **다만 과제를 시작할 때 목표만큼은 명확히 할 필요가 있다.** 최종적으로 도달하는 목표를 설정해두지 않으면 언제 끝날지 알 수 없으므로 목표 달성이 가능한지의 여부도 예측할 수 없게 된다. 영원히 작업만 계속하게 되는 격이다. 게다가 과정만을 신경 쓰면 모처럼 생긴 의욕마저 사그라진다. 등산을 할 때 오르려는 정상이 몇 미터인지 모르면 지금 어느 정도 오른 상태인지 가늠할 수 없다. '언제까지 올라가야 하나' 하는 막연함에 중도에 포기하고 정상에 오르지 못하게 되어버리는 것과 마찬가지이다.

일로 고민하는 사람들 중에 일 전체를 끌어와서 인생을 통째로 고민하기 시작하거나, 과정의 정도에 지나치게 얽매여 정작 중요한 것을 놓치고 목표를 보지 못하는 경우가 있다. 목표를 잘못 알고 미아가 되거나, 고민 자체에 집중하게 되는 경우도 있다. 세세한 과정은 무시하고 목표를 향해 가는 것을 최우선시해야 한다. 과제마다 달성해야 하는 목표가 있고 어찌되었든 목표에 이르면 끝이니 말이다.

한 가지 더, **과제는 과제일 뿐이다.** 과제와 인생 목표는 별개이다. 당신이 집중해야 할 것은 최종 목표가 무엇인가를 명확히 확인하고 **장기전이 될 것 같다면 구간을 나누어 작은 목표를 세우는 일이다.** 그리고 작은 목표를 하나씩 완수해나가면서 최종 목표를 달성할 수 있도록 한다.

교사로서 나의 최종 목표는 학생의 성적을 올리는 것이 아니다. 물론 성적이 오르면 기쁘기야 하겠지만 가장 큰 목표는 아니다. 즐겁고 행복한 경험을 아이들이 가능한 한 많이 느끼게 하는 것, 그래서 나중에 좌절을 겪을 때 함께 보냈던 추억이 버팀목이 되어주었으면 하는 게 나의 바람이다.

'아직은 할 수 있을 것 같아.'

아이들로 하여금 또 다른 도전을 하기 위한 의욕의 기본을 되도록 많이 쌓게 하고 싶다. 이러한 추억은 의욕이 생기게 하는 데에 커다란 역할을 한다.

명확한 목표를 설정해서 달성 횟수를 늘리는 걸 우선시하자. 의욕은 점점 자라나고 커다란 자신감으로 연결될 것이다.

## 의욕 충전 UP!

- 목표까지 가는 방법은 어떤 것이라도 괜찮다.
- 과제와 인생의 목표는 별개이니 혼동하지 않는다.
- 명확한 목표 설정은 의욕을 유지시켜준다.

# 09 의욕을 불러일으키려면 관여하지 마라

앞서 과정보다는 목표를 명확히 하라고 이야기했는데, 여기에는 또 하나 중요한 효과가 있다. 목표까지 어떤 방법을 써도 괜찮다고 한 이야기는 다시 말해 스스로 생각해야 한다는 뜻이다. 관점을 바꾸면 **과정을 전부 당사자에게 맡긴다는** 말이다. 어떤 사람에게 지시를 내렸는데 그 사람이 잘 못하는 분야였다고 하자. 그러면 아무래도 관여하고 싶어지게 마련이지만 그렇게 되면 결국 지시를 내린 쪽의 방법에 맞추라는 격이 되니 그 사람이 좋아하는 방법이라 할 수 없다.

**의욕은 자연스레 따라오는 것이다.** 결국 본인 안에 있는 것이므로 의욕을 키우는 데에는 **동기를 통해 환경을 형성해준 다음 지켜봐주는 것이** 중요하다.

의욕의 기본은 '재미'이다. 상대방이 할 일을 일방적으로 정해버리면 목적이 변하고 단순 작업이 된다. 물론 두근거림도 사라져버린다. 중요한 것은 재미있다고 느끼며 스스로 행동하게 하는 것이다. 관여를 멈추고 **할 수 있는 모든 것을 시도할 수 있게 해보자.** 그 사이에 상사는 자신의 할 일을 하고 있으면 되는 것 아닐까.

우리 반에는 아이가 선생님이 되어 수업을 진행하는 키즈 티처 프로젝트라는 게 있다. 학생들이 직접 과제를 찾고 그 과제에 대한 해답을 선생님을 대신해서 반 친구들에게 가르쳐주는 프로젝트이다. 자료를 찾는 것도, 프린트물을 만드는 것도 아이들이다. 나아가 설명하기 쉽도록 파워포인트로 슬라이드를 만들기도 한다. 아이들의 파워포인트는 매우 기발하고 재미있다. 프로젝트가 끝나면 반 친구들이 피드백을 보내주기 때문에 이를 통해 부족한 점이 무엇이었는지 점검한다. 준비를 하다가 모르는 게 나오면 선생님인 나에게 질문을 하기도 하지만 대부분은 **스스로 해보는 것으로** 마무리 짓는다. 나는 이 프로젝트를 위한 준비를 거의 하지 않는다. 아이들에게 완전히 맡긴 채 아이들과 함께 수업을 들을 뿐이다.

잘못된 부분은 아이들 속에 섞여서 질문하는 방식으로 지적한다.

아이들 입장에서는 가슴이 두근거리고 울렁거릴 수 있다. 동시에 모든 것을 직접 찾고 고민했기에 실력이 점점 자라난다. 목표는 연구 결과에 대해서만 이야기하는 것이 아니다. 선생님을 대신해서 진행한 수업이 제대로 진행되었는가, 배워야 하는 내용이 전부 들어 있었는가, 모두가 이해했는가 등의 공동 목표를 가진다. 아이들은 담임 선생님과 같은 수준의 목표로 열심히 한다. 평가는 다른 친구들의 피드백에서 명확히 나온다.

이 프로젝트에서 중요한 점은 지도자가 철저하게 관여하지 않는다는 것, 사방팔방으로 뻗어가는 **의욕을 멈추지 않고 받아들인다**는 것이다. 철저하게 관여하지 않는 스타일로 결과는 '1+1=5 이상'이 된다. 내가 준비하고 수업을 하는 경우, 내가 가르치는 것 1, 아이들이 받아들이는 지식 1을 합쳐서 2가 된다. 한편, 관여하지 않는 스타일은 결과의 양이 무한정 늘어난다. 아이들의 스스로 학습으로 자주성이 올라가서 1, 아이들끼리 의견을 주고받으며 의사소통 능력이 향상되어서 1, 다른 아이가 지식을 배워서 1, 성공적으로 수업을 마쳤다는 자신감이 올라가서 1, 아이들이 자라는 모습을 바라보는 내 만족감이 1, 이것만으로도 이미 5가 된다. 게다가 아이가 즐겁게 공부하는 모습을 바라보는 가족의 감동이 1, 수업 준비에서 해방됨으로써 나에게 생긴 시간이 1… 이렇게 효과는 무한정 극대화된다.

　과정을 맡기고 그 주역이 자신임을 안다면 무엇인가를 해야 한다고 인식하기 시작한다. 그리고 필요한 것을 찾아 행동하게 된다. **최대의 비법은 관여하지 않는 것이다.** 상대방의 의욕에 참견하지 않고 지켜봐주는 것 그리고 **충고하지 않는 것**이다. **한번 자라난 의욕은 관여하지 않을수록 점점 자라난다.** 자유로운 발상으로 스스로 생각하게 하는 일은 매우 중요하다. 서로 신뢰한다는 전제가 중요하므로 **반드시 상대방이 인식할 수 있는 형태로 지켜봐준다는 자세를 보이는 것도** 잊지 않도록 한다.

**의욕 충전 UP!**

- 동기가 형성된 다음의 과정은 당사자에게 맡기고 지켜본다.
- 자신의 생각을 강요할 수 있으니 되도록 충고를 자제한다.
- 관여하지 않는 만큼 상대방의 의욕이 자라난다.

## 10 | 스스로 설정한 목표 달성 경험은
## 다음 도전의 원동력이 된다

과제 설정은 바꿔 말하면 목표 설정이다. **목표이기 때문에 아직은 할 수 없는 것**이다. 지금 '당연하잖아!'라고 생각했는가? 사실 이것이 중요한 포인트이다. 할 수 없는 일을 목표로 삼았기에 아무리 노력해도 달성할 수 없는 경우도 있다. 이점을 전제로 해서 하나의 예를 들어본다.

어느 예능 프로그램에 나온 부모와 아이의 이야기이다. 아버지는 농구부에서 활동 중인 고등학생 아들에게 더 이상 농구를 하지 말라고 했다. 이유는 학교 입학 전에 농구를 하고 싶으면 학교 성적을 올리기로 약속했는데 그 약속을 지키지 못했기 때문이다. 아버지는 아들이 약속을 지키지 않았으니 이에 대한 책임으로 농구를 허락할 수 없다고 했다. 사회에서도 이와 비슷한 경우를 자주 맞닥뜨린다. 아마 당신도 한 번쯤 겪어본 일이 아닐까?

"성적이 오를 때까지 게임은 못할 줄 알아!"

집에서 어머니가 화를 내며 소리치는 모습이 눈에 선하다.

"성과도 못 냈는데 여름 휴가를 쓸 생각인가?"

얼굴이 굳은 상사의 모습이 머릿속에 떠오를 것이다.

과제를 끝내지 못했기 때문에 상대방이 원하는 일을 못하게 한다는 논리는 그럴듯해 보이지만 사실 여기에는 인식의 실수가 숨겨져 있다. 바로 가능하지 않은 것을 목표로 했으니 할 수 없었다는 점이다. 현실에서 완벽하게 목표를 달성하는 사람이 얼마나 되겠는가.

아이나 부하는 부모나 상사에게서 미션과 조건을 부여받고 일단은 그것을 받아들인다. 지시자와의 입장이나 힘의 차이가 있기도 하지만, 관계가 깊지 않은 시기이거나 업무가 아직 익숙지 않은 초기에는 특히 조건 교섭이 불가능한 경우가 많기 때문이다.

약속, 즉 **목표는 '100퍼센트 달성해야만 인정한다'를 전제로 설정하지 않는다.** 처음부터 단번에 합격을 목표로 강요하지 않는 것, **목표를 전부 달성할 수 있는 사람은 없다**는 것을 상정해두어야 한다. 위의 아버지와 아들도 마찬가지이다. 아버지의 마음이 뭔지는 알지만 아이에게 약속을 지키길 바란다고 일방적으로 강요해서는 의욕이 생기기 힘들어 애초부터 원하는 결과를 얻기 어려운 구조이다.

우선 지금 지향하는 목표와 조건이 되는 기한을 정한다. 그리고 기한이 다가오면 성과나 결과를 확인한 다음 달성할 수 없다면 목표 설정을 수정하거나 재도전 여부를 검토한다. 목표를 **일방적으로 강요하는 것보다 스스로 목표를 선택하는 쪽이 의욕이 나오기 쉽다**는 것을 명심하자. 의욕은 본인 안에서 나오는 것이므로 자신이 목표를 정하는 게 실천하기 쉽고 좋지 않은 결과를 얻더라도 수긍하고 받아들일 수 있다.

이 아버지와 아들의 경우, 농구를 하면서 공부에도 주력한다는 점이 목표 설정에 포함되어 있어야 한다. 아들에게는 농구가 의욕을 생성시키는 기본 조건으로 설정되어야 한다. 이를 근거로 선택지를 제시해보자. 중요한 점은 **최종적으로는 스스로 선택한다**는 것이다. 예를 들면 다음과 같다.

1 농구를 하면서, 다음 시험에서 다섯 과목의 성적을 올린다.

2 농구를 하면서, 학기말 시험에서 수학만이라도 좋으니 80점을

받는다.

3 목표 점수를 받을 때까지 농구를 하지 않는다.

4 공부를 포기하고 농구만 하며 살아간다. 단, 생활비는 지원하지 않는다.

결과적으로 농구를 계속하면서 공부도 한다는 방법을 본인이 찾아내는 게 가장 좋다. 못하면 벌칙을 받는다는 방식으로는 의욕이 생기지 않으니 피해야 한다.

**두근거림은 단순한 벌칙 게임으로 찾아오는 성질의 것이 아니다.** 두근거리지 않으면 의욕이 생기기 힘들다. 당연히 원하는 결과를 얻기도 어렵다. 벌칙이 있다고 생각하면 아예 처음부터 시도하지 않는 게 이득이 아닐까 간주해버릴 위험도 있다.

관리자는 실무자가 성과를 올리게 하는 데에 목표를 둔다. '관리자의 발언인지, 실무자의 발언인지'는 성과에 큰 영향을 끼친다. 그러니 우위의 입장에 서서 일방적으로 약속을 정하고 강요하는 방식이 아니라 어떤 상태인지만 물어보자. 관리자의 입장이라면 **실무자가 행동하기 쉽도록 환경을 정돈해주는 일에 초점을 맞추고,** 실무자가 스스로의 결정에 따라 목표를 달성했다면 **결과에 대해 제대로 인정해주자.** 스스로 설정한 목표를 완수하고 얻은 기쁨의 경험은 그다음 도전으로 나아가는 데에 원동력이 된다.

## 의욕 충전 UP!

– '100퍼센트 달성해야만 인정한다'는 전제로 목표를 설정하지 않는다.
– 목표 설정 시 선택지를 주고 실행하는 당사자가 직접 고르게 한다.

우리 반에서 진행하는 한자 시험의 출제 범위에는 지금까지 배운 모든 한자가 포함된다. 보통은 교과서의 특정 페이지를 시험 범위로 정해주지만 6학년 학생들 시험에는 5학년 때까지 배운 한자도 문제에 포함시킨다. 물론 명확한 이유가 있다. 초등학생이 한자를 외우는 이유는 어른이 되어 직장이나 일상생활에서 적용해 읽고 쓸 수 있게 하기 위해서이다. 즉, 사회에서 한자를 제대로 사용할 수 있도록 돕는 것이다. 어른이 되고 나서 읽는 책에 특정 학년, 특정 학기에 배우는 한자만 나온다면 범위를 정해서 시험을 봐도 무방하다. 하지만 그럴 리 만무하지 않은가. 시험 때만 범위를 정해서 학습하는 방법으로는 실생활에서 한자를 사용하는 데에 그다지 도움이 되지 않는다.

왜 전체 내용이 시험 범위인 거냐고 화를 내는 아이들도 있지만, 이러한 학생들에게는 사회에서 사용하는 한자의 범위가 정해져 있지 않기 때문이라고 반드시 설명해준다. 그러면 대부분의 아이들은 이해하며 받아들인다. 공부하는 이유가 명확하고 사회에서 사용한다는 목표가 보이기 때문일 것이다.

**사회에서 사용하는 지식을 확실히 익혀두는 것**과 마찬가지로 사회는 실천의 연속이라는 사실을 의식하고 머릿속에 확실히 각인시켜야 한다. 그렇기에 아이에게 "6학년인데도 잘하네."라는 말은 칭찬이 아니다. 나는 학생들이 어른의 수준을 목표로 해서 노력하도록 북돋워주기 위해 노력한다.

**사회에서의 시험은 항상 사용하는가의 여부이다.** 예를 들어, 당신이 갓 회사에 입사한 신입 사원이라고 하자. 아는 게 많이 없는 1년차 사원이다. 그러던 어느 날, 거래처에서 회사로 전화를 걸어온다. 이 전화를 받고 당신이 제일 처음 한 말은 "신입 사원 ○○○입니다."이다. 굳이 신입 사원이라 언급한 일로 인해 거래처 사람은 당황할 것이다. 처리해야 할 업무가 있어서 전화를 한 것인데 과연 신입 사원이 처리할 수 있을까

하는 의구심에서이다. '신입 사원이라는 말은 아는 게 별로 없다는 의미 아닌가?' 하고 생각할지도 모른다.

신입이라 하더라도 사회에 나온 시점에 이미 당신은 회사를 대표하는 구성원 중 한 사람이다. 1년 차이니까 잘 못해도 괜찮다는 비상식은 통하지 않는다. 선배들의 전화 응대 방식을 흉내 내면서 같은 수준으로 대응하지 않으면 외부인으로부터 회사의 수준을 의심받는 상황을 초래할 수 있다.

아이가 학교에 다니는 이유는 사회에 나오기 위한 준비를 하기 위해서가 아닐까. 다시 말해, 사회에서 통용되는 지식을 배우며 사회 진출을 위한 예행 연습을 하는 것이다. 그러니 학교 교육을 사회와 따로 떼어놓고 생각하는 쪽이 이상한 것이다. 사회생활은 배운 지식을 활용하는 실천의 연속이라 할 수 있다.

아직 젊고 경험이 적다는 이유로 평가 기준을 낮추어버리면 일류 인재를 키울 수 없다. 이는 관리자와 실무자가 함께 공유해야만 하는 의식이다. **범위를 좁히지 않고 실제로 사용되는 기준을 목표로 한다**는 의식을 반드시 가져야 한다.


## 의욕 충전 UP!

- 가장 실용적인 관점에서 목표를 설정한다.
- 경험이 적다는 이유로 평가 기준을 낮추지 않는다.

# 12 | 스스로 정답을 찾아내게 하라

　미국에서 유학하던 시절에 코칭에 대해 배웠다. 교수님은 원래 메이저 리그의 배터리(투수와 포수를 합쳐서 이르는 말 - 옮긴이) 코치였다. 유학 초기에는 영어가 익숙지 않았다. 실제로 현지의 초등학교 1학년 수업에 들어가 영어를 다시 배웠던 경험이 있다. 당시에 영어도 잘 못하면서 매일 필사적으로 대학 수업을 받았다. 미국인은 모국어로 수업을 받으니 수업 내용만을 익히면 되지만 나는 그렇지 않았다. 외국어로 내용을 파악하는 데에는 너무나 많은 시간이 걸렸고 당연히 다른 사람들과 차이가 크게 벌어졌다. 교수님이 "모르는 부분이 있으면 언제라도 찾아와 물어보세요."라고 친절히 대해주었기에 매일 교수님을 찾아갔다. 내가 교수님에게 "이렇게 하는 게 맞나요?"라고 물으면, 교수님은 반드시 질문을 되돌려주었다.

"아키 씨는 어떻게 생각하세요?"

한 번 더 생각하게 하고 답을 찾을 수 있도록 도와주었던 것이다. 그렇게 대화를 몇 번 주고받은 끝에 정답이 나오면 "You are right!" 하며 칭찬해주는 일도 잊지 않았다.

과목의 최종 시험은 20문항 정도의 리포트 형식이었다. 그뿐만 아니라 시험 도중에 질문을 해도 괜찮았다. 나는 정답이라고 생각하는 내용을 적어서 교수님에게 가져갔다.

"저는 이게 정답이라고 생각합니다."

그러면 교수님은 빙긋이 웃으면서 말했다.

"I don't think so."

즉, 한 번 더 생각해보라는 뜻이다. 그렇게 질문을 몇 번 계속했더니 '이제 정답이 나오겠다'라는 생각에 절로 웃음이 나왔다.

코칭 교수님의 목적은 **한 번 더 잘 생각해보라**는 데에 있었다. 맞고 틀리고의 채점이 중요한 게 아니기에 답이 나올 때까지 지켜봐주었던 것이다. 이것이 내가 미국에서 배웠던 '코칭'으로서, 나를 성장시킨 이 방법이 코칭 그 자체였다. 나는

'정답을 스스로 찾는 일의 중요함'과 '따뜻한 시선으로 지켜봐준다면 안심하고 원하는 결과를 낼 수 있다는 진리'를 온몸으로 경험했다. 특히 평소에 스스로를 과소평가하며 의기소침해 있다가 A라는 좋은 성적을 받음으로써 더욱 노력해야겠다는 의욕이 솟았다.

**"조언은 최대한 자제하고 스스로 답을 찾게 한다."**

코칭 교수님에게서 배운 최강의 코칭 논리학이다. **잘못된 점이 있으면 한 번 더 생각해보는 것**으로 사고력과 응용력을 갈고닦을 수 있다. 일방적인 조언으로 상대방이 성장할 수 있는 기회를 꺾어버리지 않도록 신경 쓰자.

## 의욕 충전 UP!

– 틀렸다고 해서 일방적으로 정답을 알려주지 않는다.
– 조언을 최대한 자제하고 스스로 정답을 찾게 한다.

# 처음부터 모든 것을 할 필요는 없다 13

　학교에서 보호자를 만나면 아이가 못하는 게 있어서 걱정이라는 말을 많이 듣는다. 모든 것을 잘해내는 슈퍼맨, 슈퍼우먼은 애초부터 세상에 없다. 존재하지 않는 것을 바라는 자체가 난센스이다. **모든 일을 다 해낼 수 있는 사람은 없다는 말은 모든 일을 시도할 필요는 없다는 의미**를 지니고 있기도 하다. 이러한 논리는 아이들뿐만 아니라 성인들도 마찬가지로 적용할 수 있다. 그리하여 내린 결론은 바로 '특기'이다. 진정으로 잘하는 게 있다면 이것을 무기로 활용하면 된다. 각자 특기를 찾고 그 분야라면 다른 사람에게 지지 않겠다는 마음가짐으로 스스로를 연마하는 데에 더 큰 의미를 두자. 그렇다면 무엇부터 시작하면 좋을까?

우선 **좋아하는 일부터 도전하게 하자.** 발이 빠른 아이가 있다. 아이는 늘 집에서 학교까지 뛰어간다. 동시에 복도에서 뛰면 안 된다는 교칙도 신경 쓰기에 학교에서는 주의한다. 달리기를 좋아하기 때문에 기회가 생길 때마다 달린다. 일상생활에서 달리는 양 자체가 다르다. 연습량에서 차이가 나므로 달리는 실력이 점점 향상된다. 그림을 잘 그리는 아이는 틈만 나면 교과서에 만화를 잔뜩 그리거나 친구와 닮은 그림을 그리기도 한다.

**좋아하는 일을 하는 것은 즐겁기 때문에 의욕을 북돋우고** 외부의 강제성 없이도 몇 번이나 반복하게 하는 힘을 지닌다. 결과적으로 연습하는 분량에서 압도적인 차이가 나므로 다른 사람보다 잘하게 되고, 끊임없는 반복을 통해 실력이 일취월장한다. 잘하는 모습을 보이면 이따금 주변에서 도움을 요청하기도 하는데, 자신이 좋아하고 잘하는 일을 남에게 알려주는 경험은 자신감을 높여주는 데 일조한다. 결국 '좋아한다, 즐겁다'를 이길 수 있는 것은 없다. 그러니 특기를 만들고 싶다면 좋아하는 일부터 하자.

단, 주의할 점이 한 가지 있다. 좋아하는 일과 능력은 다르다는 사실이다. 좋아하는 일을 찾아 즐겁게 연습을 시작하지만 아무리 해도 실력이 늘지 않는 경우 흥미가 줄어들고 도중에 자연스럽게 의욕이 사라진다. 이럴 때는 **일단 중단하고 다른 관심사에 도전**해보도록 한다. 다양하게 시도해보고 **잘하는 게 무엇인지 찾아본다.**

사회에서는 좋아하는 일만 할 수 없고, 못하는 일도 할 수 있도록 격려해야 한다며 반기를 들 수 있다. 물론 이 또한 하나의 사고방식이다. 하지만 냉정하게도 사회는 결과주의를 바탕으로 움직인다. 그러므로 팀에서 역할 분담을 할 때 좋은 결과가 나오도록 각자가 잘하는 일을 맡기는 게 성과를 내는 지름길이다. 잘하는 일을 하면 즐겁다. 즐겁기 때문에 의욕이 샘솟고, 의욕은 노력으로 이어져 목표에도 더 쉽게 가까워질 수 있다. 이 결과로 인정까지 받는다면 더할 나위 없다.

사회생활을 하다 보면 자기희생이라는 말을 가끔 듣게 된다. 하지만 이러한 희생 정신은 사실 과제 수행 시 역할 분담에서 기본적으로 필요한 사항은 아니다. 어떤 일이 누군가에게는 울며 겨자 먹기로 해야 하는 것일 수도 있고, 또 다른 누군가에는 너무나 하고 싶고 희망하는 것일 수도 있기 때문이다. 중요한 점은 과제를 무사히 끝내고 좋은 결과를 도출해내는 것이다.

프레젠테이션을 하는 경우를 예로 들어보자. 사람들 앞에서 화려한 언변으로 설명하는 일은 서툰 반면, 조사와 자료 수집에 능하다면 그 역할을 수행하면 된다. 프레젠테이션을 성공적으로 마치는 게 궁극적 목표이므로, 이를 위해 각 포지션에 능통한 사람을 적절히 배치하여 의욕을 가지고 일할 수 있는 상태를 만드는 편이 압도적인 성과를 올릴 수 있다.

특화된 기술은 무한히 성장할 가능성을 지닌 개성과 같다. 빠른 발을 살려 프로 스포츠에서 대활약하는 사람, 계산만큼은 누구에게도 지지 않는 사람, 연설에 뛰어난 사람 등 다양한 개성이 있다. 잊지 말아야 할 한 가지는 **숨은 곳에서 일하는 사람들의 활약이 묻히지 않고 모든 사람들에게 제대로 인정받게 하는 것**이다. 각자가 나름의 중요한 포지션에 있다는 사실을 반드시 팀 전체에 공유하자.

우리 반에는 달리기를 잘 못하는 아이가 있다. 이 아이는 발은 느리지만 준비 정신이 매우 뛰어나 도구 준비나 연습 스케줄, 기록 관리를 담당함으로써 계주 경기에서 제 역할을 톡톡히 해냈다. 이것이 반에서 가장 뛰어난 활약을 보일 수 있는 아이의 개성이었던 것이다. 계주 경기 승리라는 목표를 위해서는 빠른 발 이외에도 할 수 있는 일이 많이 있다.

이와 같이 각자의 개성을 발전시키면 반드시 활약할 수 있는 분야를 찾을 수 있을 것이다. 사람들마다 잘하는 일은 다르다. 좋아하는 일을 찾았다면 집중해서 갈고닦자. 좋아하는 일을 시작했을 뿐인데 어느새 그 분야에서 스타가 되어 있을지도 모른다.

## 의욕 충전 UP!

– 잘하는 일을 찾았다면 철저하게 갈고닦아서 무기로 만든다.
– 결과가 나오지 않을 때는 일단 멈추고 다른 관심사에 도전한다.
– 특기 분야로 역할을 나누는 것이 성과로 가는 지름길이다.

자기 효능감이라는 말을 들어본 적 있는가? 자기 효능감은 캐나다의 심리학자 앨버트 반두라Albert Bandura가 제창한 이론으로, 특정한 상황에서 필요한 행동을 잘 실행할 수 있다는 가능성의 인지를 의미한다. 쉽게 말해, 목표를 달성하는 능력이 자신에게 있다는 '프라이드pride'이다. 더 간단히 말하면, '이번에는 실패했지만 다음에는 더 잘할 수 있을 거야'와 같은 자신감이다.

자기 효능감은 쉽지 않은 작업일지언정 적극적으로 해보겠다는 **의욕의 기본** 같은 것이다. 이 **의욕의 기본**을 확실히 해주는 것이 성공 체험이다. 좌절에 빠지거나 우울할 때 '그래도 잘될 거야'라는 자신에 대한 믿음과 기운을 되찾고 **긍정적인 마음을 가지는 데에 성공한 과거의 기억이 큰 도움이 된다.**

이와 동일한 역할을 하는 것이 '즐거운 추억'이다. 이는 심리학 분야에서 증명되었다. 당장 눈앞에 닥친 상황과 직접적인 관계가 없더라도 되도록 많은 추억을 가지는 일은 중요하다. 성공한 사람에게서는 '즐겁게 살아가고 있구나, 즐겁게 도전하고 있구나'라는 게 느껴진다. 실제로 그들을 지탱해준 것은 무수한 성공 체험이나 즐거운 추억이다. 성공으로의 첫걸음을 떼려면 **결과만을 고민하기보다 즐거운 경험을 가능한 한 많이 해두어야 한다.** 즉, 도전하기 위한 의욕의 기본을 키워나가는 것이다.

이쯤에서 성공 체험 하나를 소개한다. 그 나이 때가 아니고서는 할 수 없는 추억의 에피소드이다. 예전에 가르쳤던 남자아이의 이야기인데, 그 아이는 설날에 받은 세뱃돈을 전부 들고 혼자서 고급 초밥집에 갔다고 한다.

"세뱃돈으로 최고급 초밥을 왕창 먹고 싶어요. 먹게 해주세요."

어머니는 아들의 부탁에 초밥집 입구까지 데려다주고 집으로 돌아갔다. 혼자 남은 아이는 당당히 초밥집에 들어간 뒤

자리에 앉고는 이렇게 말했다.

"최고급으로 주세요!"

이 이야기를 듣고 어쩐지 부러운 마음이 들었다. 세뱃돈으로 고급 초밥집에 가서 혼자 초밥을 먹는 일은 가격을 매길 수 없는 귀중한 추억이기 때문이다. 어른이 되고 나서 수십만 원을 내고 먹는 고급 요리는 어릴 때 받은 세뱃돈으로 홀로 먹은 초밥 맛에 비할 바가 아닐 것이다. 어른으로서의 첫걸음을 장식한 그 아이는 다음 날 반에서 영웅이 되었고 매우 자랑스러워했다. 아이는 그 시절에만 만들 수 있는 소중한 추억을 하나 더 가지게 되었다. 물론 어른이어야만 할 수 있는 체험도 많이 있으니 지금이라도 가능한 한 즐거운 추억을 많이 만들도록 한다.

관리자가 신경 쓸 일은 자신감을 심어주는 것이다. 일단 **자신감이 생기면 목표를 향해 스스로 행동한다.** 성공 체험이나 즐거운 추억을 적극적으로 쌓아나가자.

## 의욕 충전 UP!

- 즐거운 추억으로 좌절감을 극복할 수 있다.
- 즐거운 추억이 자신감과 의욕을 가져다준다.

대다수의 사람들은 높은 산을 오를 때 끊임없이 정상을 바라본다. 아무리 걸어 올라가도 산 정상은 아득하기만 하다. '아직도 많이 남았네…'라고 생각하는 사이 피곤이 몰려오고 다리를 움직이는 일조차 힘들다. 하지만 기왕 산에 올랐으니 중도에 포기하지 않고 정상에 오르고 싶은 마음은 간절할 것이다. 이와 마찬가지로 목표를 너무 높게 설정하면 마음이 피곤해진다. 그러면 어떻게 해야 지친 마음을 달랠 수 있을까? **피곤할 때는 뒤를 한번 돌아보자.**

아무리 걸음이 느려도 정상을 목표로 걷기 시작한 순간 꽤 멀고 높은 곳까지 왔다는 사실을 알게 된다.

"의외로 높은 곳까지 올라왔네. 뭐야, 되잖아!"

이러한 자신감이 다음으로의 한 걸음을 나아가게 하는 디딤돌이 되어줄 것이다.

높은 목표를 피곤함 없이 달성할 수 있는 사람은 강한 정신력의 소유자이다. 하지만 대부분의 사람들은 목표가 높으면 높을수록 도중에 지쳐버린다. 그러니 꾸역꾸역 목표를 향해 가기보다 **목표를 작게 나누어 자신이 걸어온 성과를 계속 확인하는 게 좋다.** 중간중간 걸어온 길을 되돌아보면서 한 번쯤은 스스로를 칭찬하는 일도 잊지 않는다. 이는 결과까지 완주하기 위한 의욕으로 연결된다. 부하 직원이 벅찬 업무로 인해 힘들어할 때는 "지금까지 한 걸 체크해봐. 잘해왔잖아."라고 **지금까지의 결과를 돌아보게 해서 칭찬해준다.**

결과를 내는 버팀목이 되어주는 것은 성공 체험이다. 무슨 일이라도 좋으니 **자신감의 기본이 되는 작은 성공 체험을 매일 쌓아가는 것이** 중요하다. 청소를 빠르게 끝내거나, 아침 일찍 일어나는 일 등도 자그마한 성공 체험이다. 정말 사소한 것이라도 상관없다. **성공 체험에 필수 항목은 '이겼다, 완성했다'라는 실감이다.** 설령 성공하지 못했다고 하더라도 '사고방식을 바꾸면 이 부분만큼은 이긴 거야'라고 **이기는 사고를 길들이**

는 것이 중요하다. 어떤 상황에서도 '이기고 싶다, 이겼다'라는 사고가 가능해지면 의욕은 점점 자라날 것이다. 이겼다는 실감으로 즐거워지고 또 이기고 싶어지기 때문이다.

물론 진다는 게 나쁜 것은 아니다. 져도 좋다고 하는 긍정적인 사고 또한 성장의 밑거름이 될 수 있다. 승부는 중요하지 않다. 재미있고 즐겁다면 사람은 움직일 테니 말이다.

이기는 것에 집착하면 자신과 맞지 않는데도 언제까지나 그 일에만 매달리는 낭비를 하게 된다. 예를 들어, 프로의 재능이 없는데도 프로 야구 선수를 목표로 하는 것은 옳지 않다. 만일 달리는 재능을 살리면 육상 경기 쪽이 맞을지도 모르고, 배팅을 좋아한다면 상반신의 힘을 살려 공을 던지는 다른 운동 경기에서 활약할지도 모른다. 단순히 야구가 좋다고 한다면 동네 야구라도 상관없다. 프로가 된다는 **승리감을 얻지 못하는 것에 대한 집착을 멈추지 않으면 실현 가능성이 있는 또 다른 성공의 기회가 줄어든다.**

자신이 무엇을 하면 이길 수 있는지, 자신의 장점을 최대로 살릴 수 있는 힘은 무엇인지를 확인하는 것은 인생에서 매우 중요한 일이다. 회사에서의 영업 실적이 좋지 않다고 해도 이기는 사고로 임한다면 '나에게 맞는 실적을 늘리는 방법은 없을까?, 나의 특기를 사용할 수 있는 분야는 어떤 것일까?'라고 자기 나름의 이기는 방법을 생각하기 시작한다. 선배나 상사와 같은 방법으로 쉽지 않은 영업을 억지로 계속한다면 실적이 떨어지고 사내 평가 또한 나빠지는 부정적인 연쇄 효과를 피할 수 없다. 그러니 매사에 승부를 의식하고 어려운 상황에서도 지고 싶지 않다는 마음을 목표로 삼도록 한다.

사실 절대로 지지 않는 방법이 존재한다. 100퍼센트 지지 않는 방법은 승부하지 않는 것이다. 가위바위보에서 지고 싶지 않다면 가위바위보를 하지 않으면 된다. '3년간 가위바위보에서 지지 않았다'라는 말이 있다. 여기에는 '계속 이기고 있다'는 의미도 들어 있지만 '3년간 승부를 내지 않았다'는 의미일 가능성도 있다. 지지는 않았지만 동시에 1승을 하지도 않았다는 것이다.

승부를 피하거나 또는 이길 가능성이 100퍼센트가 되지 않으면 도전하고 싶지 않다는 사람이 많이 늘어났다. 지는 일이 무서운 것이다. 승부를 피한다면 질 가능성은 제로가 되기는 한다. 하지만 이길 가능성 또한 제로가 된다. 지는 게 두려워 계속 도망치는데 이길 가능성 100퍼센트의 승부가 굴러들어오는 기적은 어디에도 없다.

단, 100퍼센트 이기는 승부는 없지만 승률을 올릴 수 있는 전략은 있다고 아이들에게 가르치고 있다. 이를테면, 가위바위보에서 단번에 이기는 방법이다. 일본에서는 가위바위보를 하기 직전에 '처음에는 주먹!'이라는 구호를 외친다. 그런데 '처음에는!'이라고 말하면서 보를 낸다. '처음에는…'이라고 말할 때 대부분의 사람은 '주먹'이라고 생각하지만 그때 구호와 다르게 보를 내면 반드시 이긴다. 한 번밖에 사용할 수 없는 방법으로, 대개 '반칙이야, 다시 해!'라고 화를 낼지 모르니 상대를 고를 때는 신중하게 해야 한다. 억지 이론처럼 들릴 수 있지만 어쨌든 이기는 것은 이기는 것이며, 이 또한 전략의 하나이다.

전략은 이기기 위한 무기이다. 극단적인 예이지만 전략은 그런 것이다. 일회용인 가위바위보 비밀을 반 아이들이 여기저기서 남발하는 바람에 이제는 사용할 수 없게 되어버렸다. 하지만 여기서 그치지 않고 승률을 높이는 또 다른 전략이 있을지도 모른다고 생각하고 연구하는 계기가 될 것이다.

자그마한 성공을 거듭하는 사이에 커다란 승부를 하기 위한 자신감이 자연스럽게 자라난다. **아무리 사소하더라도 이기면 기분이 좋으니 이기려 한다.** 후배나 부하 직원에게 승부의 기회를 부여하고 성공의 횟수를 늘려가자. 그러면 어느새 승부를 즐기고 있을 것이다.

## 의욕 충전 UP! _____

- 의욕이 줄어들었다면 결과를 돌아보고 잘한 부분을 인식한다.
- 나만의 승률을 높일 수 있는 전략을 찾아야 한다.

'공부'라고 하면 뭔가 '즐겁지 않다, 해야만 한다'라는 이미지가 단어에서 느껴져 두근거림을 발견하기 힘들다. 일도 마찬가지이다. '업무, 평가'라는 말의 이미지가 선행되면 역시 책임의 무게에 따르는 압박으로 인해 우울해질지 모른다. 마치 '내일이 벌써 월요일인가' 하는 스트레스가 밀려드는 것처럼 말이다. 이는 다들 한 번쯤은 겪어봤을만한 일이다.

상사의 기대에 부응하기 위해 이를 악물고 견디며 고군분투하면 즐겁지 않기 때문에 일은 제대로 진행되지 않고 성과 또한 오르지 않는다. 성과가 나지 않으면 기분은 점점 바닥을

치게 된다. 이럴 때 부하 직원들에게 "왜 성과가 나지 않는 거야!"라며 화를 내도 상황은 바뀌지 않는다. 오히려 부하 직원들은 상사의 분노를 압박으로 느끼고 실적은 더욱더 나빠질 게 뻔하다.

다시 이야기하지만, 즐겁지 않고 두근거리지 않으면 의욕은 쉽게 나오지 않고 성과 또한 기대치에 미치지 못한다. 두근거리고 즐거우면 의욕이 살아나고 성과 또한 상승 곡선을 타게 될 것이다.

여기에서 유효한 전략이 '또 하나의 목표'이다. 바꿔 말하면, 말의 눈앞에 당근을 늘어뜨리는 전략이다. 말이 눈앞에 놓인 당근을 보고 필사적으로 당근을 뒤쫓는 사이에 자신도 모르게 결승점으로 향해가고 있다는 것이다. 이와 마찬가지로 긴장감을 올릴 수 있는 **다른 목적(목표)**을 제시한 다음 그 뒤를 쫓는 사이에 자신도 모르게 본래 의도했던 목표에 이르는 장치가 되는 것이 바로 '제2의 목표'이다.

상사의 본래 목적이었던 목표를 당사자에게 바로 제시하지 않고 의욕을 이끌어낼 수 있는 또 다른 목표를 준비한다. 상대방의 **의욕을 불러일으킬 수 있는 목표로 살짝 바꿔치기해서 즐거운 마음을 가지게 한 다음 충만한 의욕으로 일에 적극적으로 임하게 해서 성과를 낸다**는 작전이다.

또 다른 목표 설정은 '상대방을 생각한다'는 단순하고 기본적인 구조이다. 결과를 최우선으로 하면서 상사의 이상론은 일단 제쳐두고 부하 직원의 관심사에 맞추어 목표를 설정한다. 이는 커다란 프로젝트부터 작은 미션까지 폭넓게 사용할 수 있는 방법으로 기본 형태를 기억하도록 한다.

아이들에게 공부와 과제에 대해 이야기하면 순식간에 표정이 어두워진다. 그래서 나는 아이들에게 또 다른 목표를 활용하고 있다. 우선, 첫 번째 유형을 살펴보자. 예를 들면, 사회 수업에서 "도도부현都道府県(일본의 행정 구역을 가리키는 말 – 옮긴이)의 특성에 대해 공부하겠습니다. 그럼 교과서를 펼쳐주세요."라고 말하면 학생들이 마지못해 교과서를 읽기 시작한다. 하지만 이 말을 "지금부터 우리는 관광 홍보 대사가 되어보겠습니다."라고 바꿔 말하면 어떨까? 처음에 학생들의 반응은 "그게 뭐야. 관광 홍보 대사가 되라니." 내지는 "선생님이 또 이상한 말을 시작했어."와 같을 것이다. 여기에 당황하지 말고 지금부터가 중요하니 주목한다.

"파워 포인트에 대해 알고 있니?"

"음, 선생님이 자주 사용하는 그 프로그램이요?"

"그래. 맞아. 그 파워포인트. 이번 수업 시간에 제대로 해보려고 하는데."

"그래도 돼요?"

"당연하지. 그럼 지금 당장 컴퓨터실로 이동하자!"

사회 수업이 어느새 파워 포인트 강좌로 탈바꿈한다. 어른이 사용하는 프로그램을 자신들이 직접 사용한다는 생각에 설렘과 의욕에 불타는 아이들은 컴퓨터와 씨름하기 시작한다. 일단 파워 포인트로 근사한 자료를 만들려면 그 지역에 대한 조사가 선행되어야 한다. 사진들을 모아서 자료를 만들기 시작하는 아이의 화면을 학생 모두가 볼 수 있도록 대형 스크린에 비추면, 다른 아이들은 "그거 어떻게 하는 거야? 어디서 찾았어?"라면서 자신이 조사한 지역의 정보를 진지하게 공유하고 사진이나 그림을 찾아 정리하기 시작한다. 간단한 자료를 만들려면 설명을 가급적 줄여야 하므로 가장 중요하고 핵심적인 내용이 무엇인지 생각하면서 계속 수정해나간다. 꽤 훌륭한 파워 포인트 자료가 완성될 즈음에는 수업의 목적이었던 지역 학습이 끝난다.

아이들은 즐겁게 자료를 모으는 과정을 거쳐 본래의 교육 과정을 달성한다. 게다가 살짝 바꾼 즐거운 목표를 향해 가면서 집중력이나 문장력 등 다양한 능력도 익히게 된다.

다른 유형으로, 본인이 하고 싶은 것이 있다고 제안해올 때 그것을 인정하면서 대신 배웠으면 하는 요소를 채우는 일도 가능하다. 예를 들어, '30인 31각 대회에 나가고 싶다'라고 하면 빨리 달리는 비법을 국어 학습의 일환으로서 문장으로 정리하게 한다. 또는 결승 라인까지의 걸음 수나 거리를 계산해서 나오는 결과를 보고 수학의 나눗셈과 곱셈을 배울 수도 있다. 자신들은 30인 31각에서 이기고 싶어 특훈과 대책을 연습하고자 했던 것인데 공부도 함께 하게 되어 일석이조의 효과를 거둔다.

이 유형의 기본은 상대방에게도 메리트가 있는 것이어야 한다는 점이다.

"바쁜데 미안하지만 중역 회의용 히트 상품의 프로젝트 자료 좀 복사해줄 수 있어요? 그 대신 1부 복사해서 나중에 참고 자료로 쓰세요. 모르는 부분이 있으면 알려줄게요."라고 말하면, 귀찮은 잡무가 귀중한 자료의 출처로 변신할 수 있다. 기분 좋게 복사만 해주면 임무 완료이다. 이와 같은 경우가 반복되면, 당신이 어떤 일을 준비하고 있을 때 "뭐 도와드릴 건 없나요?"라고 상대방이 먼저 말을 걸어오게 될 확률이 높다. 당신의 일이 그 사람에게도 도움이 되고 즐거운 일이라는 것을 인식했기 때문이다.

결과가 최우선이다. 결과를 내기 위해 상대방의 관심사를 염두에 두면서 임시로 목표를 설정해보자. 그러면 상대방의 적극적인 협조를 얻을 수 있고 더불어 과제도 원활하게 진행되기 시작할 것이다.

### 의욕 충전 UP!

- 목표를 있는 그대로 제시하지 말고 상대방이 관심을 갖는 1차 목표를 설정하고 최종 목표와 일치할 수 있게 방향을 조절한다.

# PART 3

# 의욕 충전에
# 속도를 더하는 방법

# 17 | 칭찬할 때
단어를 선택하는 기준

    칭찬은 의욕을 높이는 데에 매우 중요한 포인트이다. 앞서 말했듯, 칭찬은 의욕의 3요소 중 보상에 해당한다. 일상생활에서 칭찬의 효과를 자주 실감할 수 있다. 학교의 학부모 모임에서 칭찬의 중요성에 대해 수시로 언급하고 있는데, 사실 부모님들이 의식하지 못했을 뿐이지 이미 칭찬을 생활화하고 있다. 아이가 아무것도 하지 않고 서 있기만 해도 입가에 함박웃음을 지으며 칭찬의 박수를 보내는 것처럼 말이다. 아이의 생일에 "태어나줘서 고마워."라고 울먹이며 말하는 엄마의 심정이 이와 비슷하지 않을까.

통신 교육 전문 업체의 조사에 따르면, '자신의 아이가 세 살이 될 때까지 영재라고 생각한 적이 있다'는 사람들이 80퍼센트에 이른다고 한다. 학원에서 운동을 하는 어린 자녀를 보고 영재인 것 같다며 입이 닳도록 칭찬하지만, 유치원에 들어가고 학년이 올라갈수록 자신의 아이가 그리 탁월한 재능을 가지지는 않았다는 사실을 깨닫는 경우가 많다. 그렇다 하더라도 아이에게 칭찬을 아끼지 말고 듬뿍 주자. 칭찬에는 기대감도 들어 있어서 약간은 과장스러워 보일 수도 있겠지만 그 기대감이 자신감이 되고 다음으로의 의욕으로 연결된다.

칭찬을 싫어하는 사람은 아마 없을 것이다. 이는 어른도 마찬가지이다. 그런데 칭찬을 해주었는데도 상대방이 기뻐하지 않았던 경험은 없었는가? 칭찬을 제대로 잘하는 일은 생각보다 어렵다. 사실 칭찬을 잘하는 데에는 기술이 필요하다. 칭찬할 때 사용하는 단어를 선택하는 기준이 되는 요소가 두 가지 있다.

- 칭찬할 때 단어를 선택하는 기준
  - 상대방과의 관계성
  - 상대방의 숙련도 및 수준

막 사귀기 시작한 여자 친구가 요리를 만들어주었다고 하자. 요리가 그다지 맛있지 않아도 맛있다고 말한다. 이는 앞에서 이야기했던 부모가 자녀를 칭찬하는 사례와 마찬가지로 기쁜 마음과 점점 솜씨가 늘어나서 좀 더 맛있는 식사를 만들어줄 수 있을 것이라는 기대가 어우러진 칭찬 단어이다. 그렇지만 사귄 지 오래되었는데도 맛있다며 똑같은 반응만 보인다면 "진심이 없잖아!"라며 싸우게 된다. 모처럼 칭찬을 했지만 화만 돋운 것이다. "맛있다고 했잖아. 그냥 칭찬한 거야"와 같은 식으로 대꾸하면 다툼이 일어난다. 왜일까?

그 이유는 자꾸만 반복되는 똑같은 칭찬 단어에 질리고 뭔가 부족하다는 생각에 만족스럽지 못하기 때문이다. '오늘 소스가 맛있네, 식감이 너무 뛰어난 거 아냐?' 등 **조금씩 단어를 바꾸어 구체적으로 칭찬하는 것이 요령이다.**

테니스의 경우, 배우기 시작한 초기에 '굿 샷'이라는 칭찬을 들으면 기분이 매우 좋다. 하지만 니시코리 케이錦織圭(일본의 프로 테니스 선수 - 옮긴이)였다면 이 말만으로는 절대적으로 부족하다고 느꼈을 것이다. '오른쪽을 노린다고 생각했더니 사실은 왼쪽이었다는 것이 놀랍다'라든지, '방금 그 기술이 손목이나 팔꿈치 사용법이구나'라는 형태로 구체적인 칭찬을 하면 테니스를 알고 하는 말이라 생각하며 진지하게 들을 것이다.

상대방과의 **관계가 깊어지는 것에 맞추어 칭찬도 좀 더 구체적인 수준으로 올려야 한다.** 마찬가지로 **상대방의 기술이나 수준이 올라가는 것에 맞추어 칭찬해가는 게 필요하다.** 처음에는 '굉장해, 잘한다, 우와' 등의 **짧은 단어를 사용해서 반응하는 것**으로도 충분하다. 뿐만 아니라 표정과 함께 감동을 전달하는 것도 좋다.

하지만 시간이 흐르면 '굉장해, 잘하네'가 칭찬 단어로서 통용되지 않는 시기가 찾아온다. 관계가 깊어지거나 상대방의 수준이 올라갈 때가 그러하다. 이때는 구체적인 칭찬 포인트를 찾아야 한다. **말하는 방법에 변화를 주면** 더욱더 효과적이다. '굉장해'와 같은 방식으로 단순한 표현을 반복하는 것은 상대방의 수준이나 관계의 깊이에 대해 칭찬하는 수준이 낮기 때문에 영향을 미치지 않는다.

수준이 좀 더 올라가면 "○○을 ○○와 같은 식으로 바꾼다면 더욱 좋아질 것 같은데."처럼 구체적인 조언이 담긴 말이 칭찬 단어로 인식되는 시기도 온다. 이는 상사와 부하 직원이라는 관계에 특히 꼭 들어맞는 유형이다. 일이 어느 정도 익숙해져 자신감이 붙을 무렵에는 '상급자 수준의 기대를 받고 있구나'라고 인정받는다는 생각에 칭찬과 같은 의미로 받아들일 수 있기 때문이다.

이 단계를 넘어서면 신뢰 관계가 단단히 맺어지는 시기가 오고 '굉장해'라는 한마디만으로도 강력한 효과를 볼 수 있다. 굳이 구체적으로 전달할 필요가 없는 것이다. 다시 말해, 상대방을 인정하는 마음이 충분히 전달되는 관계에서는 진심에서 우러나오는 한마디가 감탄사 이상의 말이 필요 없다는 최상급의 존경이 된다.

**작은 성과도 놓치지 않고 잘한 부분을 제대로 칭찬해서 전달하자.** 칭찬을 받았다는 자신감은 다음 단계의 목표로 도전할 때 용기가 되어준다. **칭찬을 받고 있다는 사실을 알게 하고, 상대방으로 하여금 자신의 성과가 무엇인지 인식시켜야 한다.** 그리고 새로운 도전의 결과를 칭찬하면서 반복해간다. 최종 목표가 있다면 하나하나의 칭찬 단어가 의욕을 유지시키는 버팀목이 되니 염두에 두자.

### 의욕 충전 UP! ─────────────────

– 관계의 깊이에 맞게 칭찬 단어를 구체적으로 바꾸어간다.
– 기술이나 수준에 맞추어 칭찬한다.
– 칭찬은 의욕을 유지시켜주는 버팀목이다.

─────────────────────────────

　다른 나라와 비교했을 때 우리나라 사람들은 칭찬을 받아
도 반응이 없는 편이다. 뭔가 부끄럽기도 하고 무의식중에 얼
굴이 굳어져 뭐라고 대답해야 좋을지 어쩔 줄 몰라 한다. 서
양 문화권의 사람들처럼 칭찬을 받고 만면에 미소를 띠며 두
팔을 벌려 안는 일은 우리나라에서는 드물고 익숙하지 않다.

　또 칭찬을 해도 순수한 반응이 나오지 않는 경우가 있다.
그 이유 중 하나는 **칭찬하는 장소가 적당하지 않다고 생각하
기 때문이다.** 그러므로 칭찬을 할 때는 칭찬을 받는 사람의
상황을 신경 써야 한다.

아이들을 관찰하면서 알게 된 점이 하나 있다. 동아리 활동 시 에이스나 학급 위원장 등의 주력 포지션을 담당하는 아이들은 칭찬에 익숙해져 있다는 것이다. 이 때문에 특히 고학년 학생에게 많은 사람들 앞에서 커다란 소리로 칭찬을 하면 반응이 현저히 줄어드는 경우가 많다. "예, 예…." 하면서 겸연쩍은 듯 흘려버린다. 하지만 복도에서 스쳐 지나가며 "아까 잘했어."라고 살짝 알려주면 만족한 표정으로 미소를 짓는다.

예를 들어, 아이들이 계주 중반에서 아주 큰 차이로 승리를 거머쥐었다고 하자. 계주의 마지막 주자인 아이는 언제나처럼 열심히 했지만 이미 많이 벌어진 격차 덕분에 이겼다는 생각에 이날의 시합에서 자신이 도움이 되었다는 실감이 나지 않는다. 영웅답지도 않았고, 자랑스러운 마음 또한 들지 않을 것이다. 마지막으로 달렸던 아이가 혼자 있을 때 "네가 마지막에 달려주어서 안심하고 지켜보았단다."라고 손을 내밀어보자. 그러면 아이는 '알아주셨구나!'라는 표정으로 미소를 짓는다.

칭찬을 받는 것 자체는 기쁜 일이다. 칭찬을 받고 싶은 이유도 여기에 있다. 당연히 **칭찬은 다음의 의욕으로 연결된다.**

한편, 팀 내 입장이나 인간관계, 타이밍에 따라서 칭찬이 오히려 역효과가 날 때가 있다. 이를테면, 다른 팀 친구가 성적으로 고민하고 있는데 자신만이 돋보이는 경우이다. 그 칭찬으로 팀의 분위기가 이상해지고 가라앉아버린다. 입장이 난처해지고 다른 사람을 신경 쓰느라 칭찬을 받아도 표정을 풀지 못하는 것이다. 앞에 언급한 예도 마찬가지이다. 주력 포지션의 아이는 자신만 칭찬받을까 봐 신경 쓸 가능성이 있다. 또 마지막 주자인 아이는 자신보다 칭찬받아야 할 사람이 있을 것이라 단정짓는다.

**칭찬하는 데에는 상대방의 상황을 먼저 파악하는 일이 필요하다.** 타이밍이 중요한 것이다. 어린아이는 어떤 상황이건 상관없이 칭찬받았다는 사실에 기뻐한다. 자아가 약하기 때문이다. 하지만 자아가 강해지면 그렇지 않다. 여러 상황에 지나치게 신경 쓴 나머지 칭찬을 받아서 부끄러워진다. 사회인은 인간관계가 더욱더 복잡하므로 신경 쓰는 부분이 점점 늘어난다. 따라서 장소나 타이밍을 신중하게 확인하고 다양한 전달 방법을 만들어 능숙하게 칭찬하도록 한다.


### 의욕 충전 UP!

- 칭찬하기 전에 상황을 관찰하고 적당한 타이밍을 고른다.
- 상대방이 칭찬에 익숙해질수록 단어 선택과 타이밍 비중을 높여야 한다.

# 19 │ 칭찬하는 사람을 늘려
자신감을 높여라

성장과 칭찬은 한 세트이다. **칭찬을 하면 성취감이 늘어나고 그 성공은 점점 자신감으로 바뀌어간다.** 하나의 성공으로 최대의 자신감을 거머쥐기 위한 요령이 있다. 그것은 바로 **칭찬하는 사람의 수를 늘리는 것이다.**

예를 들면, 한자 시험에서 그동안 염원하던 100점을 받은 아이가 있다고 하자. 다들 100점을 한 번쯤 받았는데 아무리 노력해도 받을 수 없었던 100점을 드디어 이 아이도 받은 것이다. 나는 담임으로서 칭찬해줄 타이밍이 왔다고 생각해 전력을 다해 칭찬해주었다.

이때를 놓쳐서는 안 된다. 최대한 칭찬해서 최고의 자신감으로 바꿔줄 기회이기 때문이다. 참고로 우리 반에서는 기립박수제를 도입하고 있다. 대단하다고 느껴지는 일이 일어나면 반 전원이 박수갈채를 보낸다. 칭찬을 생활화하면 교실에 칭찬하는 사람의 수가 늘어난다. 기다리고 기다리던 100점은 당연히 기립 박수를 받을만한 일이다. 하교 시간을 가늠해서 그 아이가 집에 도착하기 전에 집으로 전화를 건다.

"오늘 드디어 한자 시험에서 100점을 받았습니다. 정말 기쁜 일이니까 꼭 많이 칭찬해주세요."

이렇게 어머니에게 전달한다. 그러면 칭찬해주는 사람의 수는 또 다시 늘어나게 된다.

팀으로 움직이는 경우에는 **동료끼리 칭찬하는 것도 효과적**이다. 상사가 앞장서서 칭찬하며 팀원들도 동조하게 한다. 하이파이브, 캔 커피로 건배, 악수로 격려 등 어떤 스타일이라도 상관없으니 서로 칭찬하는 습관을 붙여 칭찬하는 동료의 수를 늘려간다. 나아가 자신감이 두 배가 되는 칭찬 방법이 있다. **칭찬을 받았다는 사실이 다른 사람의 입으로 전달되는 것으로**, 한 번쯤 경험해보았을 것이다.

"이번에 큰 건 했다며? 자네 팀장이 기뻐하면서 칭찬을 하더라고."

이런 식으로 생각도 못한 타이밍에 칭찬의 말을 들으면 어떨까? 자신이 없는 곳에서 칭찬을 받을 정도라면 정말로 인정해준 것이라 느끼게 된다.

칭찬하는 동료를 점점 늘려가고 하나의 성공에서 생겨난 자신감을 높여나가면 다음으로의 의욕도 더욱더 늘어간다. 칭찬을 할 때가 오면 온갖 방법을 동원해 전력을 다하여 칭찬해주자.

## 의욕 충전 UP!

– 칭찬하는 사람 수를 늘리면 하나의 성공이 몇 배의 자신감이 된다.
– 다른 사람의 입을 통해 칭찬받는 게 더 효과적이다.

칭찬하는 법에는 요령이 있다. 결과가 나오기 전에 칭찬해서 의욕을 선행시키는 것으로, **할 수 있다는 자신감을 부여해서 칭찬하는 것**이다.

최근에 조카딸에게 앞 구르기를 가르칠 기회가 있었다. 앞 구르기를 해보라고 하니 아이가 과감히 물구나무를 서서 등부터 쿵하고 넘어졌다. 아이의 머리 뒤쪽을 잡아주며 앞 구르기를 가르쳤더니 보기 좋게 한 바퀴 구를 수 있었다.

"굉장해. 성공했다!"

사람들이 모여 있는 앞에서 큰 소리로 대단하다며 난리를 쳤다. 그러자 조카딸은 "한 번 더 해볼래!" 하며 의지를 불태웠다. 앞 구르기를 성공했다고 말하기는 했지만 사실 아이 스스로의 힘으로는 제대로 구를 수 없었기 때문에 아이가 눈치채지 못하도록 머리 뒤쪽에 몰래 손을 집어넣어 도와주었다. 정확하게는 아직 혼자서 앞 구르기를 할 수 없는 상태인 것이다. 하지만 이것 또한 하나의 기술이다. **할 수 있다는 자신감을 부여해 칭찬부터 한다.** 그러면 본인은 할 수 있다는 자신감에 즐거워지고 계속해서 연습을 하게 될 것이다. 연습을 하기 때문에 기술은 점점 더 좋아진다. 칭찬은 연습을 하겠다는 의욕을 이끌어낸다. 앞서 언급했듯, 잘하는 데에 필요한 것은 연습량이므로 연습하고 싶다는 의욕은 매우 중요하다.

고급차를 타면 그 차를 타는 사이에 어느새 자신도 고급차와 닮은 사람이 된다. 복장도 그렇다. 정장도 사람들이 동경하는 고급 브랜드의 옷을 입어보고, 비행기를 탈 때도 비즈니스 클래스를 타본다. 자신이 할 수 있는 범위에서 조금씩 노력해보자. **목표 설정이 일류라면 일부러라도 그 설정에 미리 몸을 맡겨보는 것이다.** 칭찬을 받는 사이에 자연스레 내용이나 행동이 그 수준에 맞춰진다.

앞 구르기를 싫어했던 조카딸은 이후에도 연습을 계속했는지 몇 주 후에 만났을 때에는 앞 구르기를 꽤 잘하게 되었다.

잘하기 위한 연습량을 지탱하는 것은 의욕이다. 자주 칭찬해서 의욕을 북돋워주자.

## 의욕 충전 UP!

- 할 수 있다는 자신감을 부여하면 결과가 나빠도 의욕이 솟아나온다.
- 이상향을 목표로 삼으면 어느새 그 목표를 따라잡게 된다.

# 21 칭찬을 통해 반성할 기회를 갖는다

익숙하지 않은 일은 들인 노력에 비해 결과가 만족스럽지 않은 경우가 많다. 그렇기 때문에 일일이 지적하면서 가르치게 된다. 이때 칭찬은 큰 효과를 발휘한다. 지적하기 전에 하나라도 좋으니 **칭찬 포인트를 찾고 그 부분을 먼저 칭찬하도록 한다.**

**칭찬을 통해 '적의는 없다, 응원하는 것뿐이다'라는 의도를 처음에 보여주는 것**이 포인트이다. 이는 지도를 할 때 관리자의 이야기를 잘 듣게 하기 위한 기술이다. 일이 잘 풀리지 않아 지적을 받아야 할 때는 초조함과 함께 경계심이 강해진다.

개선을 위해 조언해주는 의도이더라도 상대가 패닉에 빠져 있거나 우울해하는 등 들을 준비가 되어 있지 않은 상태일 수 있다. 이럴 때는 칭찬을 통해 '나는 적이 아니라 같은 편이다'라는 사실을 이해시킨다.

예를 들면, 회사 후배와 함께 고객에게 프레젠테이션을 하러 갔다고 하자. 부하 직원의 프레젠테이션 자료는 미숙하지만 고객을 응대하는 방법이 괜찮았다면 이렇게 이야기해보자.

"자료를 보지 않고 고객의 눈을 바라보며 이야기한 건 아주 잘했어. 고객도 만족했을 거야. 그건 그렇고 왜 그렇게 몇 번이나 자료에 대해 지적받은 거지?"

먼저 칭찬을 통해 인정했다는 사실을 인지시키며 안심하게 한다. 그러면 긴장이 풀리고 생각할 여유가 생긴다. 이때 또 하나의 포인트는 **자료 어디가 잘못되었는지 알고 있어도 먼저 잘못되었다고 말하지 않는 것**이다. 정답을 미리 알려주기보다 자기 나름의 대답을 찾고 "이게 이유일까요? 어떻게 생각하세요?"라고 의견을 물어올 때까지 기다린다. **자신이 생각하는 대답은 상대방이 의견을 구했을 때 되돌려준다.**

스스로 잘못된 점을 생각하기 시작하면 자기 나름대로 반성할 기회를 가질 수 있다. 이에 대해 의견을 구한다면 지적을 하되 본인이 바라는 형태의 조언으로 바꿔준다. 물론 스스로 구한 조언이기 때문에 상처받을 일도 없다. 이 타이밍이야말로 지도를 할 절호의 기회이다. 그 후에도 가능한 한 질문하도록 유도하고 대답하는 형태를 취하는 게 좋다.

스스로 생각해서 질문하게 하는 것은 의욕이 나오는 기본 유형이다. 이는 자연스럽게 다음 도전으로 향하도록 도와준다. 스스로 조언이 필요하다고 느끼는 사람과 이야기할 때야말로 더 많이 칭찬해야 한다. 실패는 생각하는 힘을 기를 기회와 같다. 생각할 시간을 주지 않고 일방적으로 가르쳐주기만 한다면 이 절호의 기회는 도망가버린다. 상대방을 칭찬하면서 생각하는 환경을 만들어나가자.

## 의욕 충전 UP! ———————————————

- 지적할 때는 먼저 칭찬하고 생각할 여유를 만들어준다.
- 먼저 나서서 실패 이유를 전하지 않는다.
- 조언은 상대방이 원하는 타이밍에 전달한다.

한 아이의 어머니가 다음과 같이 말한 적이 있다.

"선생님은 아이들을 냉정하고 세심하게 살펴봐주시는데 저는 그게 참 어렵더라고요…."

"당연합니다. 제 아이가 아니기 때문입니다."

이렇게 대답하면 어머니는 매우 놀란 표정을 짓는다. 오해를 살 수도 있는 답변이지만 사실이다. 성장이나 성격적인 면은 기본적으로는 가족의 책임이다. 그것은 가정에서 해야 하는 일이다.

정확히 말해, **다른 사람의 아이이기 때문에 불필요한 감정**

을 배제하고 냉정하게 관찰할 수 있다는 의미이다. 관리자에게 맡겨진 중요한 역할도 이와 마찬가지이다. 일에 있어서 '객관적인 관계'는 중요한 포인트로, **지시를 내리는 관계에 있어서 중요한 것은 거리감**이다. 신뢰 관계를 맺고 철저하게 지켜주는 일은 절대적으로 필요하다. 안심할 수 있는 관계를 위해서 가능한 한 거리를 유지하는 게 좋다.

물론 사적인 고민 상담을 받고 친절하게 조언을 하는 것도 문제는 없다. 다만, 지시를 내리는 입장일 때 거리가 너무 가까우면 상대방이 모든 것을 허락했다는 착각에 빠져 위험하다. 관계가 깊어지고 **어느 정도 친해진 사이라도 '부감**俯瞰(높은 곳에서 내려다보는 것 - 옮긴이), **조감**鳥瞰(새가 높은 하늘에서 아래를 내려다보는 것처럼 전체를 한눈으로 관찰하는 것 - 옮긴이)'**의 시점은 사라지지 않게** 신경 쓰도록 한다. 높은 곳이나 조금 떨어진 곳에서 전체를 멀리 바라보는 시선을 잊지 않도록 염두에 두자.

부모와 자녀 사이처럼 매우 가깝고 친밀한 관계에서 지시를 내리는 경우 주의해야 할 방법으로는 무엇이 있을까? 사람들은 비교 대상을 착각하기 쉽다. 예를 들어, 학년에서 제일 빨리 달리는 A군과 머리가 좋은 수재 B군을 비교하는 경우이다. 자신의 자녀가 예전에 잘했던 것을 본 적이 있어서 틀림없이 해내리라는 기대감도 섞여 있다. 하지만 누구에게나 잘하는 것과 못하는 것이 있다. 각자 잘하는 것이 다르기 때문에 부족하다고 느끼는 부분은 무시하고 **잘하는 일을 점점 늘려가는 것이 선결**되어야 한다.

성장해가는 동안 수많은 성과를 이루었고 그 과정을 쭉 지켜봤기 때문에 기뻐해주는 일에 인색해질 수 있다. 또 지금의 현실이 그리 대단하지 않은 것으로 여겨질 수도 있다. 착실하게 한 계단 한 계단 밟아 올라가고 있는데도 높은 순위만을 의식한다면 '아직 노력이 부족해'라는 착각을 하게 된다. 좀 더 높은 곳을 노린다는 기대에 부응하지 못할지도 모르지만 **우선은 할 수 있는 부분에 대해 제대로 칭찬해주자.**

작년과 올해를 비교하는 것도 피해야 한다. 이는 일의 현장에서도 빈번하게 발생한다. 작년에 흑자를 냈던 사람이 있다고 하자. 물론 올해도 흑자이지만 작년과 비교하면 다소 부족하다. 그러자 "어라? 좀 해이해진 거 아냐?"라는 소리가 들려온다. "기대한다고 말했잖아."라는 말도 뒤따라온다. 좋은 성적에 익숙해져버리면 기뻐하는 기준 또한 높아진다. 하지만 본인에게는 하나하나가 중요한 결과이니 제대로 칭찬해야 한다.

발전했다면 다른 사람과 비교하지 않고 칭찬하자. 칭찬받는 것은 중요한 성공 체험이다. '부감, 조감'의 시점에 서면 평가 기준이 바뀐다. 조금이라도 높은 순위를 노리자든가, 올바른 방향으로 이끌어주지 않으면 안 된다고 지나치게 힘이 넘쳐서는 곤란하다. 절대적인 기준은 없음을 명심하자.

## 의욕 충전 UP!

- 관리자는 '부감, 조감'의 시선에서 냉정하게 분석한다.
- 다른 사람이나 과거와 비교하지 않고 현 상황을 인정하고 칭찬한다.

아무리 노력해도 안 될 때가 있다. 결과나 성적 자체로 판단하기 때문에 '이겼다'라고 할만한 경우가 적다. 하지만 실패를 성공으로 바꾸고, 가능하지 않은 일을 가능한 것으로 바꾸는 연습을 하는 것도 스스로의 발전에 큰 도움이 된다.

처음에는 지는 것에서 시작한다. **이기기 위해서는 실패를 받아들이고 계속해서 도전하는 게 중요하다.** 그렇다면 실패를 어떻게 받아들일까? 우선 **'성공'과 '실패'를 명확히 나누는 일**부터 의식해보자. 2015년 일본의 럭비 월드컵을 살펴보자. 일본 대표 팀이 강호 남아프리카 공화국을 이겼다. 일본 내에서 이 승리는 월드컵 역사상 길이 남을만한 대반전으로 회자되었다. 그런데 그다음의 스코틀랜드전에서는 근소한 차이로 졌다. 이 패전의 영향으로 일본은 그룹 리그에서 패하고 물러나게 되었다. 뉴스에서는 '지게 되어 유감이다, 아쉬운 패전'이라고 실패를 강조하는 보도를 했다. 하지만 과거 성적으로 따져보면 스코틀랜드에게 이길 가능성은 원래 낮았다. 피지컬도 경험치도 스코틀랜드가 더 강했기 때문이다.

여기서 혼동해서 안 되는 두 가지 사실이 있다. 하나는 강호 남아프리카 공화국 팀에 이긴 일본 팀이 기적처럼 굉장했다는 사실이고, 다른 하나는 일본 팀이 이기지 못했던 스코틀랜드 팀 역시 굉장했다는 사실이다. 이 두 가지는 명백히 다르다. 전자의 승리와 후자의 실패를 하나로 섞으면 '남아프리카 공화국을 이긴 일본은 굉장하지만, 스코틀랜드를 이기지는 못했다'가 된다. 틀린 말은 아니지만, 남아프리카 공화국전의 빛나는 승리가 희석되고 스코틀랜드에도 이겼어야 했다는 것처럼 들린다. 실패가 두드러지는 표현이 된 것이다. 스코틀랜드보다 강했던 남아프리카 공화국을 상대로 이긴 것은 틀림없는 대약진으로서 스코틀랜드전의 패배와는 확실히 다른 것으로 구분지어야 한다.

방법은 간단하다. '이긴 사실을 칭찬한다, 졌다면 상대가 굉장했다는 사실을 인정한다'는 것이다. 지는 것이 두렵다고 느끼는 사람이 많은 이유가 바로 여기에 있다. 실패가 마음에 걸리는 것은 승부의 횟수가 적기 때문이다. 프로 야구에서 3할을 치는 일류 타자도 10회 타석에 7회는 치지 못한 것이 된다. 10회 중에서 7회는 졌다는 말이다. 확률상 이야기이지만 7회째 타석까지 계속 지다가 마지막 3회에서 연속 히트를 치는 경우도 있을 수 있다. 그래도 그 3회의 승리가 높은 평가를 받는다. 이것이 현역 10년 동안 계속된다고 하면 횟수가 기하급수적으로 늘어난다.

**실패를 받아들이고 계속 타석에 서면 성과는 언젠가 반드시 찾아온다.** 작은 승부라도 상관없다. 승부의 수를 늘려 익숙해지자. 실패의 수가 늘어난다는 것은 이길 가능성도 동시에 늘어나는 것과 같다. 승부 횟수가 늘어나면 언제까지나 실패에 얽매이지 않는 마인드를 키울 수 있다. 의식이 다음 승부로 이동하기 때문에 실패를 의식할 시간이 자연스레 줄어든다. 실패했다면 이긴 사람이 대단하다고 칭찬하고, 그다음 기회를 노린다. 이겼을 때는 실패한 만큼의 성취감을 기억하게 되니 커다란 성공 체험이 된다.

## 의욕 충전 UP!

- 상대방이 이겼다면 제대로 인정한다.
- 이기기 위해서 도전 횟수를 늘린다.
- 실패한 경험은 이겼을 때의 성취감을 배가시킨다.

미국에서 코칭을 배울 때 교수님이 나에게 이렇게 물은 적
이 있다.

"야구 선수의 실책으로 상대방이 점수를 얻었다면 어떻게
지도할까요?"

"글쎄요. 좀 더 연습하라고 지도하지 않을까요."

이렇게 대답하자 교수님이 말했다.

"올바른 코칭은 칭찬하는 것입니다. '잘못될 수도 있는 상
황이었는데 두려움을 극복하고 공을 잡으러 뛰어들었구나.
결과는 아쉽게 되었지만 노력한 것은 훌륭해. 그 도전이 가능

한 너는 언젠가 반드시 공을 잡게 될 게다.' 이렇게 말해주는 것입니다."

대단히 긍정적인 사고방식이다. 이렇게 지도하면 선수는 지나치게 부담을 느끼지 않고, 긍정적으로 분발해서 실수하지 않도록 연습을 거듭해갈 수 있다. 실수를 없앤다는 똑같은 결과를 목표로 하더라도 마음의 길이 달라진다.

"억지로 시켜서 하는 것인가, 의욕이 충만해서 하는 것인가."

다시 이야기하지만, 의욕이 나오는 쪽이 연습량도 늘어나고 결과 또한 빨리 나온다. 외부의 힘이 아닌 스스로 흐름을 만들어나간다는 이 이론은 지금도 내가 학생들을 지도할 때 기본으로 두는 사고방식 중 하나이다. 실패에서 빨리 일어서기 위해서는 의욕이 필요하다. 그것을 끌어내는 데에는 비난이 아닌 칭찬이 기본이다.

만약 해서는 안 될 일을 해서 먼저 지도할 수밖에 없는 상황이더라도 마지막에 칭찬으로 끝내는 방법이 의욕에 따라서는 효과적이다. 엄하게 질책하고 나서 "해낼 수 있다는 걸 알고 있으니까 말한 거야."라고 하거나 "하려면 할 수 있었는데 아깝다."라고 말하는 것도 중요하다.

**다음으로 같은 실수를 반복하지 않도록 의욕의 기본을 확보해둔다. 실수했다는 결과만을 놓고 지도하는 것이다.** 근본에 있는 인격은 인정했다는 것을 말로써 긍정한다. 이렇게 배려를 하면 상대방의 의욕이 사라질 일은 없을 것이다.

그렇다면 실패로 인해 우울해하는 사람과 상담을 하게 되면 어떻게 해야 할까? 일상생활에서도 자주 접할 수 있는 연애를 예로 들어본다. 당신의 친구가 여자 친구와 헤어져서 상당히 침울한 상태로 찾아왔다.

"싸우기는 했지만 왜 서로 이해해주지 못하고 헤어지게 된 걸까."

이렇게 말하며 울기 시작했다. 이럴 때는 친구가 이야기를 마칠 때까지 끼어들지 말고 들어준다. 전부 다 듣고 나서 정말 힘들겠다며 친구가 느끼고 있을 마음을 공감하고 모두 긍정해준다. 그리고 그 친구가 괴로운 마음을 마지막까지 토해냈다는 생각이 들면 '하지만 좋은 추억도 많이 있었잖아, 그럼 이제 새롭게 출발해볼까' 하는 식으로 다독여준다. 이것이 괴로운 마음에서 다음 한 걸음으로 내딛게 하는 방법이다.

친구의 실연 이야기가 시작되고 나서 바로 "더 좋은 사람이 있을 거야!"라고 해서는 안 된다. 괴로운 마음을 받아들이기도 전에 다음으로 가자고 재촉하면 상대방은 마음을 닫아버린다. 실연이라는 실패를 본인이 스스로 받아들일 때까지 함께 들어주면서 기다려준다. 받아들였다는 판단이 들면 조금이라도 좋은 점을 찾아 칭찬해주고 작은 것이라도 좋으니 의욕의 기본을 건넨다. 그리고 다음 단계로 가는 것이다.

　새로운 도전을 하지 않으면 기회는 오지 않는다. 어떤 상황에서도 실패를 받아들이는 것에서 그다음이 시작된다.

## 의욕 충전 UP!

－ 상대방이 실패를 받아들일 때까지 기다린다.

상대방을 생각하지 않고 자신이 의도하는 목표를 향해 일방적으로 이야기하거나, 상대방이 현재의 주제에 관심이 없다면 어떨까? 당연히 좋은 의견이 나오기 쉽지 않다.

**팀에서 최대의 성과를 목표로 하고 있다면 구성원들의 힘을 살려야 한다.** 팀 전원이 의욕적이고 적극적으로 발언을 해서 많은 아이디어가 나오는 회의가 이상적인 회의이다. 그러니 팀원 모두가 의견을 개진하여 상상 이상의 성과를 내도록 한다. 여기서 중요한 점은 의견을 내기 쉬운 환경을 만드는 것이다. 회의나 미팅에서 관리자의 위치는 모든 열쇠를 쥐게 된다.

먼저 기존의 발언하기 어려운 회의 스타일과의 비교를 통해 양질의 다양한 의견이 개진될 수 있는 회의 스타일을 알아본다.

• 관리 중시형 : 보고, 회의 등

다른 말로 국회 답변형이라고도 한다. 즉, 상사나 사회자가 회의를 이끌고 손을 든 사람이나 지명된 사람이 이야기를 하는 일을 반복하는 일문일답 스타일이다. 이 유형은 화제가 전개되기 어렵기 때문에 아이디어를 모으는 회의로서 바람직하지 않다.

〈관리 중시형의 특징〉

· 상사가 묻는 질문에 답을 하는 발표 형식이다.

· 상사가 상정하고 있는 목표를 지향한다.

· 어려운 자리라 의견이 나오기 어렵다.

· 발표자 이외에 나머지 사람들은 듣기만 하는 입장이라 발언이 적은 편이다.

· 자유도가 낮고 조용하다.

· "다음 번 회의 때까지 해결할 수 있도록!"

중역을 모아놓은 대표 이사 회의나 각 섹션의 대표자가 성과를 보고하는 회의와는 다르게 프로젝트 회의 등에서는 많은 의견 교환이 성과로의 지름길이 된다. 그래서 소개하고 싶은 것이 '계단식 MC형' 스타일이다. 예능 프로그램의 토크쇼에서 자주 보이는 이 스타일은 사회자의 이야기가 아닌 패널의 발언이 전개의 열쇠를 쥔다. 상대방의 의견을 성과로 연결하고 싶을 때 매우 효과적이다.

• 계단식 MC형 : 예능 프로그램 토크쇼 스타일

사회자가 문제, 과제 제기와 회의의 진행에 집중하고 상대방에게서 의견을 받는 스타일이다. 자유도가 높으며 하나의 의견을 받아 새로운 의견으로 전개해가는 경우가 많기 때문에 관리자의 상상을 초월하는 결과에 도달할 때도 있다. 전원의 능력을 최대한으로 끌어내므로 도전할만한 가치가 있는 과제를 이끌어가는 데에도 적합하다.

각자 반응하면서 상대방의 의견을 받은 다음 바로 자신의 의견을 말하기 때문에 개인의 생각하는 힘 또한 비약적으로 발전해나간다. 자신이 낸 의견을 다른 사람의 반응을 듣고 명확히 파악할 수 있고, 무엇이 잘못되었는지 쉽게 수정할 수 있다.

〈계단식 MC형의 특징〉

· 사회자가 진행을 하긴 하지만 참가자와 거의 동급이다.

· 전원 참가의 회화 형식이다.

· 참가자의 주체성을 중시한다.

· 이야기의 결말이 목표가 된다.

· 자유도가 높아 떠들썩하다.

· "그게 뭐야? 그래서?"

발언의 최대의 적은 '수치심'이다. 코칭에서 어른을 대상으로 연구하는 것이 어려운 이유 중 하나가 수치심이다. 숙련도가 낮으면 다른 사람에게서 틀렸다는 말을 듣거나, 추궁당하는 것이 싫어 발언을 꺼려 한다. 부끄럽거나 자존심이 앞서서 본심이나 자유로운 의견이 쏙 들어가버리는 것이다. 이 수치심을 피하는 장치에는 무엇이 있을까?

· **빠른 흐름으로 상대방의 정신 빼놓기**

회의 초반에는 단어로 답할 수 있는 수준의 질문 등을 사용하고 점점 지명을 통해 대답하게 한다. 상대방이 생각할 틈을 주지 않기에 수치심을 느끼는 것을 막을 수 있다.

대답은 얼마든지 수정할 수 있기 때문에 가능한 한 순서를 정하지 않고 랜덤으로 지명한다. 의견을 말하는 것이 특기인 사람들을 섞어놓고 발언에 익숙하지 않은 사람들에게도 목소리를 내게 한다. 지명이 되면 대답해야 할 의무가 생기므로 스스로 손을 드는 것에 비교해 장벽이 낮다. '상사가 물어서 잘 모르지만 대답할 수밖에 없었다'라는 변명이 생기는 환경이어서 보다 의견을 쉽게 말할 수 있다.

· 상대방의 질문 유도하기

의제를 발표할 때 의문이 생기는 요소를 함께 포함시키면 목소리를 내기 쉽다. "그렇다면 무슨 의미입니까?"라는 질문이 나온다면 가장 좋다. '뭐지?'는 목소리를 내는 계기로 매우 효과적이다. 게다가 의문을 갖는다는 것은 생각하기 시작했다는 말과 같다. 호기심이 끓어올라 몸이 주체적으로 움직이기 시작한다는 증거이다. 또한 질문을 던진다는 것은 사회자 주도가 아닌 상대방 주도로 바뀌었다는 신호이기도 하다.

· 반응하기

사회자는 상대방의 의견에 소리를 내며 고개를 끄덕인다. 참석한 사람들도 소리를 내고 공감하고 있다는 것을 전달한다. 사회자가 먼저 나서서 소리를 내고 반응하면 전체에 소리를 내기 쉬운 분위기가 형성된다.

기본이 되는 반응 단어 두 가지가 있다.

- "아~": 말하고 있는 것에 납득한다.
- "오~": 납득한 뒤에 더욱더 감탄한다.

반대로 "음…"이 나오면 이해할 수 없다는 의미이므로 사회자가 반드시 확인해야 한다. 가능한 한 '아~, 오~'를 늘려서 '음…'이 들어갈 틈을 주지 않게 하자.

대화가 진행됨에 따라 **참가한 사람들끼리 머리를 가까이 맞댈수록 대화에 집중하고 있다는 의미이다.** 또 테이블 쪽으로 상체가 가까워지기 시작하면 의욕이 나오고 있다는 말이다. 반대로 의자에 기대거나, 참가자끼리 머리가 멀어질 때는 의욕이 없어지고 피곤하다는 뜻이므로 주의한다. 이럴 때는 다음 화제로 이동하거나 휴식을 취하는 것으로 분위기를 환기시켜야 한다.

참가자 측의 첫 번째 목소리가 논의를 시작하는 순간 틈을 주지 않고 두 번째 발언자를 바로 지명해서 흐름을 만들어가자. 우리 반의 경우, 의견 교환이 언제나 이러한 스타일로 진행되고 있으며, 나는 사회자로서 교단에 서지 않고 학생들과 같은 높이의 의자에 앉아 대화한다. 교단이라는 높은 위치를 피함으로써 모두가 나란한 위치에 서게 되고 사회자에게 판정권이 있다는 개념도 사라진다. 이처럼 회의 시 사회자 자리를 정하지 않고 참가자 안에 섞이게 하는 것을 추천한다.

회의 자체가 성과를 내는 장소이기도 하고, 성과를 내기 위한 기술을 키워나가는 장소이기도 하다. 가벼운 미팅 때도 이와 같은 방법으로 회의를 진행하면 익숙해질 수 있으니 평소에 자주 시도해보도록 한다.

### 의욕 충전 UP!

– 초반에는 흐름을 멈추지 않고 점점 목소리를 내게 하는 데에 집중한다.
– 사회자 개인의 생각으로 회의의 발언을 유도하지 않는다.
– 상대방의 답을 판단하지 않고 그대로 받아들인 다음 대화가 원활하게 이루어지도록 한다.
– 하나의 화제에 너무 얽매인다면 다음 의제를 제기해 바꾼다.

PART 4

# 의욕 충만한
# 조직을 만드는 조건

'의욕 스위치'라는 말은 수험 시즌에 선생님이 학생들에게 공부 의욕을 불러일으키기 위해 사용한다. 물론 회사에서도 사용할 수 있다. 부하 직원이나 팀의 사기를 높이기 위해서 상사가 의욕 스위치를 켠다는 표현을 쓰는 것이다. 강연회에서 만난 많은 사람들이 "의욕 스위치를 켜려면 어떻게 하면 좋을까요?"라고 질문한다.

그런데 자녀이건 부하 직원이건 간에 상관없이 상대방의 의욕 스위치는 이미 켜져 있는데도 잔소리를 함으로써 스위치 자체를 고장 내는 사람이 많다. 모든 사람들이 의욕 스위치를 켜는 데에만 혈안이 되는 것이다. 뿐만 아니라 스위치는 ON/OFF 두 가지밖에 없다고 믿어버린다. 하지만 전혀 그렇지 않다. 의욕은 그러데이션처럼 높아진다. 스위치를 계속 누르면 단계적으로 점점 밝아지는 타입의 조명 같은 것이다. 스위치가 켜져 있지 않아도 약한 빛으로 의욕이 들어와 있는 경우도 있다. 이 그러데이션의 이미지를 염두에 두지 않으면 상대방의 스위치를 무리해서 눌러대고, 이로 인해 스위치가 고장 나면서 그나마 남아 있던 작은 밝기도 사라지게 된다.

물론 의욕의 밝기가 너무나 약하면 의욕이 없는 것이나 마찬가지이다. 스위치를 너무 눌러대도 안 되지만 밝기의 수준을 올릴 필요는 있다. 그럼 어떻게 하면 이 수준을 끌어올릴 수 있을까?

일단 의욕 스위치를 아예 꺼버린다. 나의 경우를 예를 들면, 쉬는 시간에 교실에 들어간다. 그러면 교실은 순식간에 적막이 흐른다. 수업을 받겠다는 의욕이 나온 증거이다. 하지만 오히려 이렇게 말해본다.

"응? 아니야. 아니야. 쉬는 시간이니까 자유롭게 이야기해도 돼. 아직 수업 시간이 아니니까 그사이에 실컷 말해."

그러면 아이들은 다시 왁자지껄 떠들기 시작한다. 정각이 되어 "이제 수업 시간입니다."라고 말하면 학생들이 아까보다 더욱더 조용해지고 수업을 향한 의욕도 높아진다.

종합해보면, 의욕 스위치를 껐다는 사실을 상대방에게 자각시킨다. 그러면 스위치가 켜졌을 때 '의욕 스위치를 켰다'고 자신도 그리고 주변 사람들도 자각할 수 있다. 즉, **ON과 OFF의 차이를 체감하는 것으로서 의욕의 질을 높인다.**

의욕 스위치를 켜고 싶다 하더라도 막무가내로 눌러대는 것은 절대 금지이다. 의욕을 느낄 수 없다면 과감히 꺼버려야 한다. OFF 상태가 되면 스위치를 켜기도 쉽고, ON이 된 현실을 자각할 수 있으므로 의욕을 늘리는 속도도 올라간다.

명령을 통해 의욕 스위치를 켜는 일도 가능하다. 높은 위치에 있는 사람의 명령이라면 효과가 있기는 하지만 자주 반복하면 익숙해진다. 일시적으로 의욕이 나온다 하더라도 반복적으로 내려오는 강압적인 명령은 우울함과 반항심을 늘릴 뿐 바람직하지는 않다. 시끄러운 방에서 "집중하세요!"라고 소리치면 일시적으로 조용해진다. 그렇지만 시간이 흐르면 다시 시끄러워진다. 이러한 상황이 반복되면 조용해지는 정도 또한 서서히 떨어져간다. 명령으로 말을 듣게 하려는 사람은 목소리가 커진다. 결국에는 목이 쉬도록 화를 내기도 한다. 이는 의욕 스위치를 부수게 되는 전형적인 예이다.

시끄럽다고 생각되면 소리의 볼륨을 줄여보자.

"여러분… 조금…만 조용히."

속삭이듯이 말하는 것이다. 그러면 신기하게도 의식이 나를 향한다.

"…괜찮나요? 이 소리… 잘 들리나요?"

어느새 주변이 조용해진다. 시끄러운 사람에게 시끄럽다고 말하는 것은 역효과를 낼 수 있다. 스위치가 이미 켜져 있는데도 시끄럽다고 소리치면 스위치가 망가져 밝기가 사라지듯이 의욕도 사라진다.

집중은 반복적으로 강하게 만드는 것이 아니다. 오히려 휴식을 취해서 스위치를 끔으로써 집중을 강화시킬 수 있다. 집중해야만 하는 타이밍이 명확해지기 때문이다. 스위치를 잘 조절해서 의욕의 질을 올리도록 한다.

## 의욕 충전 UP!

- 의욕 OFF를 체감하면 ON의 상태를 파악할 수 있다.
- 휴식을 통해 의욕 스위치를 OFF함으로써 선택과 집중을 강화할 수 있다.
- 명령에서 비롯된 의욕은 사그라들기 쉽고 오래가지 못한다.

'좋은 질문입니다'라는 말을 텔레비전 프로그램에서 접한 적이 많을 것이다. 이 말은 텔레비전 프로그램처럼 대본을 토대로 진행해갈 때는 유효하지만, 현실 세계 논의의 장에서는 그다지 바람직하지 않은 말이다. 언뜻 상대방의 능력을 칭찬하는 것 같지만 이면을 들여다보면 그렇지 않다.

원래 좋은 질문이라는 것은 화자의 주관적인 마음에서 탄생한 표현이다. 말하는 사람의 생각대로 이야기가 흘러가도록 상대방을 유도하기 위해 사용하는 말이다. 엄밀히 말해, 상대를 칭찬하는 게 아니다. 준비해온 흐름에 따르도록 상대방이 때마침 질문을 해준 것뿐인데, 이 키워드를 논의의 장에서 사용하면 이를 계기로 흐름이 바뀐다. 상대방은 은연중에 '좋은 질문입니다'라는 말을 칭찬으로 믿어버리고 화자의 마음에 드는 좋은 질문을 찾기 시작한다. 자유롭게 질문하는 게 아니라 그 '좋은 질문'을 해서 칭찬받는 일이 목적이 되는 것이다. 이래서는 유연한 논의가 전개되지 않고 진짜 의견이 나오지 않는다.

만약 한 번이라도 무심코 '좋은 질문입니다'라고 말했다면 이후의 모든 질문에 대해서 '좋은 질문'이라고 말할 것을 추천한다. 이는 무엇이 원하는 질문인지 알 수 없게 만드는 방법이다. 그렇게 하지 않으면 재미있는 질문이나 의견이 줄어들 수 있다.

칭찬받고 싶은 질문만이 모이면 자유로운 의견 개진은 사라져버린다. **질문이나 의견을 주관적인 호불호로 나누지 않는다.** 상대방은 듣고 싶은 것, 알고 싶은 것을 물어보므로 일방적으로 판단하지 않고 일단 모두 받아들이자. **좋은 질문을 없애는 것만으로 대화 전체에 활기가 넘치고 점점 재미있어진다.** 개중에는 실없는 대답도 섞여 있지만, 이것이 때로는 핵심을 찌르거나, 목표로 가는 열쇠를 쥐고 있거나, 자극이 되어 한층 더 발전적인 전개를 불러일으킬 수 있다.

일전에 한 수업 시간에 야요이 시대弥生時代(일본의 기원전 3세기부터 기원후 3세기에 걸친 시기 - 옮긴이)를 다룬 적이 있다. 조몬 시대縄文時代(일본의 선사 시대 중 기원전 13,000년경부터 기원전 300년까지의 시기 - 옮긴이)의 사람들은 제대로 옷을 갖추어 입지 않았지만 야요이 시대가 되자 하얀색의 옷을 입기 시작한다. 이때 왜 그러하냐는 질문이 나왔다. 좋은 질문이었지만 그리 말하지 않고 아이들끼리 해답을 찾게 한 다음 그 과정을 지켜봤다. 선생님으로서의 정답은 '베를 짜는 기술이 발전해서 면으로 만든 하얀 옷이 널리 퍼졌다'였다. 염색 기술은 좀 더 나중의 이야기로 야요이 시대에는 면으로 만든 하얀 옷밖에 없었다. 이와 비슷한 대답이 나오리라 짐작했는데 아이들은 입을 모아 "유행했으니까요."라고 대답했다. 이 말을 듣고 무의식중에 "오~!" 하는 감탄사가 절로 나왔다. 교사의 고정관념을 뒤엎는 재미있는 의견 아닌가. 이후에도 아이들은 놀랄만한 가설을 내놓기 시작했다.

정답은 하나가 아닐 때가 많다. 모르는 사이에 상대방의 발언을 유도하고 있지는 않은지 확인하자. '좋은 질문입니다'로 발상에 제한을 두면 다양한 발언 기회를 뺏을 뿐만 아니라 두근거리는 느낌도 옅어지고 발언이 줄어드니 주의하자.

## 의욕 충전 UP!

– 자신의 예상에 맞추어 상대방의 발언을 유도하지 않는다.

– 칭찬받고 싶은 마음에 치중하면 진짜 의견이 나오기 힘들다.

교직 생활을 하다 보면 아이들에게 "왜 공부를 해야 하는 거예요?"라는 질문을 자주 받는다. 이때 타당한 이유 없이 학생의 본분은 공부이니 해야 한다고 말하면 아이들 입장에서 공부가 그다지 좋아지지 않을 것이다.

의욕이 나오는 데에는 목표가 필요하다. 그래야만 공부를 통해 목표가 무엇인지를 알 수 있을 테니 말이다. 초등학생은 장래 희망이 무엇인지 아직 정하지 못해서 구체적인 비전은 커녕 공부의 당위성조차 인지하지 못하고 있는 경우가 많다. 지금부터 공부 자체의 목표가 무엇인지 생각해보자.

내가 생각하는 공부하는 이유에 대한 답 중 하나는 다양한 선택지를 갖게 된다는 점이다. 예를 들어, 아이들이 운동선수나 연예인 등 화려해 보이는 장래 희망을 가지고 있다고 하자. 이 꿈 자체는 나쁘지 않다. 프로 운동 선수를 목표로 열심히 트레이닝하고 노력하는 태도는 좋은 것이다. 하지만 현실적으로 프로 운동 선수나 연예인이 되어 활약하는 사람들은 일부분이고 제한되어 있다. 어떤 꿈이든 가질 수 있지만 비현실적인 꿈은 이루지 못할 가능성이 높다. 꿈을 이루지 못했을 때 다른 일을 찾아보기 위해 선택지를 늘린다는 의미에서 학력은 매우 큰 도움이 된다.

즉, 공부를 하는 이유는 **공부를 통해 자신에게 무엇이 맞는지, 어떤 분야에 관심이 있는지 깨닫게 해주는 가능성이 열릴 수 있기 때문**이다. 불안정한 미래를 향한 보험이라는 보수적인 사고방식은 아니다. 처음에는 공부 자체에 관심이 없어도 다양한 분야를 공부해서 얻은 지식 중 의외의 분야에 관심이 생기기도 한다. 관심이 있으니 더 알고 싶어지는 것이다. 이렇게 반복하는 사이에 자신이 상상하지 못했던 분야가 특기라는 사실을 깨닫기도 한다.

따라서 **가능한 한 폭넓게 도전**해보는 게 매우 중요하다. 특기를 찾을 기회를 늘려가기 위해서는 공부가 필요하다. 물론 학교 공부를 못해도 일은 잘할 수 있지 않느냐는 사람도 있을 것이다. 예능계의 '바보' 같은 포지션도 있지 않느냐면서 말이다. 이럴 때 나는 프로로서 인정받을 수 있는 '뛰어난 바보'를 추구할 용기와 각오가 있느냐고 되묻는다. 바보라는 콘셉트를 재능으로서 최대한 활용할 수 있는 환경을 찾아내는 배경지식이 있어야 바보 역할도 하는 것이다. 바보 캐릭터로 활약하는 데에는 그 재능을 살리는 환경에 닿기 위한 다른 공부가 필요하다.

공부 자체를 부정하지 말자. 공부의 목적은 성적을 올리기 위한 것만이 아니다. 잘하는 분야의 선택을 넓히는 기회를 확보해주는 것이 공부이다. **선입견에 사로잡혀 지레 못한다고 한계를 긋지 말고 도전해보자.**

### 의욕 충전 UP!

- 공부를 통해 자신이 무엇을 잘하는지 찾을 수 있다.
- 선입견에 사로잡히지 않고 가능한 한 폭넓은 가능성을 접한다.

누구나 처음에는 가르침을 받는 것에서부터 시작한다. 일이라면 입사해서 회사의 규범, 사회인으로서 지켜야 하는 상식이나 규칙, 일의 진행 방법 또는 인간관계를 조정하는 요령부터 배운다. 학생은 지식을 배우는 것이 본분이므로 배운 것을 기억하는 게 주축이 된다. 노동은 일한 기억을 살려서 배우며 시험해보고 실생활에 적용하는 것이라서 학생으로서 공부하는 것보다 체화되는 속도가 빠를 수 있다.

직장인으로서 배움이 본분이 되는 때는 신입 사원으로 입사하고 나서 1년간이다. 그다음 해에는 새로운 사원이 후배로 들어오고 자신은 선배가 된다. 근속 연수가 긴 선배들과 단 1년 만에 경쟁하는 슈퍼맨/슈퍼우먼 같은 신입 사원은 드물기 때문에 1년 차이더라도 아직은 배워나가야 하는 입장이다. 이러한 시기에 이해와 흡수의 속도를 올리는 요령이 있다. 어느 정도 숙련도가 높아질 무렵에 배워야 하는 사람을 가르치는 입장에 서보자. **자신이 배운 일을 누군가에게 가르칠 기회를 만들어보는 것**이다.

가르치기 위해서는 지금까지 배운 것을 머릿속에 제대로 입력하고 자신의 말로 설명할 수 있어야 한다. 이러한 복습은 지금까지의 지식을 확실하게 내 것으로 정착시키는 효과로 연결된다. 가르치는 입장에서 상대방을 관찰하게 되면 우선 그 사람이 무엇을 할 수 없는지를 알게 된다. 그러면 동시에 자신이 신입이었을 때 무엇을 할 수 없었는지를 떠올리게 된다. 그리고 1년 차인 지금 자신의 부족한 점 또한 생각해보는 시간을 가질 수 있다.

배우기만 했던 신입 시절에는 자신이 무엇을 할 수 없었는지조차 모른다. 하지만 일이 서툰 사람을 눈앞에 두면 자신의 올챙이 시절이 떠오르며 스스로의 부족한 부분을 새삼 깨닫게 된다. 옛날의 자신을 떠올리고는 **상대방을 보면서 상황을 '부감, 조감'의 시점으로 분석하는 것**이다. 그리고 상대방을 가르치며 복습하는 일을 통해 **아직도 서툴고 잘 못하는 부분이 무엇인지 되짚어보며 이해**할 수 있다. 또 상대방과 자신을 비교하며 **현재 어느 정도 위치에 와 있는지 자연스레 인식**할 수 있다. 뿐만 아니라 자신이 아직 배우지 않은 부분을 상대방이 의문을 가지고 질문해오면 함께 연구하고 공부할 수도 있다.

'나도 아직 못하는 게 많구나'라는 생각을 하면, 상대방을 냉정히 바라보며 자신의 반성해야 할 부분이나 잘 못하는 점을 찾게 된다. 그러면 "위험한데. 노력하지 않으면 추월당하겠어."와 같은 식으로 의욕에 불타오른다.

다른 사람을 가르치는 일의 또 다른 장점은 배우는 사람이 쉽게 받아들인다는 것이다. 근속 연수가 긴 베테랑 선배들과 다르게 동 세대의 가르침은 비슷한 언어를 통해 이루어지므로 원활한 의사소통이 가능하다. 그리고 멀지 않은 과거의 일을 예시로 들어 체험담을 들려주므로 설명이 구체적이고 알기 쉬우며 지시도 리얼하다. 또 **배우는 사람의 마음도 잘 이해하기 때문에 적확한 조언을 할 수 있다.** 양자 모두 이해나 흡수가 가속화되는 최고의 기술인 것이다. 이는 학창 시절 선생님에게 배운 내용은 잘 모르겠는데 반장이나 형이 가르쳐주면 이상하게 이해가 잘 되었던 것과 비슷하다. 가르치는 사람 또한 "너한테 가르쳐주면 나도 한 번 더 공부하는 거라서 도움이 돼."라며 기꺼이 알려준다.

앞에서도 언급한 적 있는 '키즈 티처'가 바로 이 효과이다. 키즈 티처는 나를 대신해 학생이 교단에서 수업을 진행한다는 프로젝트이다. 한자 시험의 채점을 아이들에게 시키기도 한다. 동급생이 쓴 한자를 보고 잘못된 점을 일일이 확인해야 하므로 책임감이 막중해진다. 아이들은 매우 진지한 태도로 채점을 한다. 채점을 하며 다음에는 실수하지 않도록 한자를 더 열심히 공부해야겠다고 마음먹게 되어 채점자의 한자 공부 의욕을 북돋운다. 그리고 서로 비슷한 사람을 가르치는 것이어서 무엇이 잘못되었는지 파악하기 쉽다. 선생님 또한 여유 시간이 생겨 아이들과 대화를 하거나, 신경 쓰이는 아이를 관찰하거나, 다른 업무를 할 수 있다. 일석이조, 일석삼조 이상의 효과를 불러일으키는 것이다. 즉, 상사에게도 이득이 생긴다.

**다른 사람을 가르치기 위해 자연스레 복습을 하자.** 중요한 것은 이 '자연스레'이다. 자연스레 생각하게 되고, 자연스레 몸이 움직이고, 자연스레 다음 단계를 목표로 한다. 이는 의욕이 저절로 나오고 성과가 올라가기 시작한다는 기본 흐름을 완성시킨다.

## 의욕 충전 UP!

- 가르치는 쪽에 서면 달성하지 못했던 부분이나 스스로의 숙련 정도를 자연스레 인식할 수 있고 다음 과제를 찾을 수 있다.
- 동 세대의 가르침은 이해하기 쉽고 상대방의 흡수 정도를 높여준다.

# 30 두근거림을
단련시켜라

'세상은 재미없는 것투성이야, 끌리는 게 하나도 없어'라고 투덜거리는 사람들이 있다. 이는 대상을 바라보는 방식의 문제이다. 세상에 재미있는 것이 넘쳐나는데도 제대로 보지 못할 뿐이다. 질문 하나를 던져본다.

"버스 한 대에 거울이 몇 개나 붙어 있을까?"

대다수의 사람들은 네 개나 다섯 개 정도라고 대답한다. 거울은 운전사가 차체의 위치를 확인할 때, 차내의 모습을 확인할 때 등을 위해 버스 내부 곳곳에 설치되어 있다. 그만한 크기의 차체를 안전하게 움직이는 데에는 사실 꽤 많은 수의 거울이 필요하다. 이 이야기를 하면 어른이나 아이나 상관없이 대부분의 사람들이 위를 올려다보며 생각하기 시작한다.

"그렇게나 많이 있었나. 음, 앞부분이랑 옆에 그리고 또 어디에 있더라? 차 안에 의외로 많이 붙어 있네."

이러한 사소한 사고 또한 가슴이 두근거려 알고 싶다고 생각하는 마음, 즉 호기심이라 할 수 있다. 나아가 지금 타고 있는 버스에 거울이 몇 개나 붙어 있는지 자신의 눈으로 직접 확인하고 싶어진다. 두근거리면 몸이 움직인다는 것은 알고 싶다, 보고 싶다는 마음이 멈추지 않아 자신도 모르게 조사하기 시작함을 의미한다.

단, 자신이 알고 있는 상식이 정답을 이끄는 상상의 폭을 좁혀버리기도 한다. **선입견이나 신념에 사로잡히면 사실이 보이지 않기도 한다.** 그뿐 아니라 상상력에 뚜껑을 덮어버리는 일도 있으니 주의가 필요하다. 일상적인 것이 어떻게 해서 우리 손에 도달하는 것인지 관심을 가지고 조사하다 보면 새로운 사실을 발견할 수 있다. '이건 뭐지?, 왜 그렇게 된 거야?'라며 **의문을 가지고 미심쩍어하는 마음에서 창의적인 시도가 이루어진다.** 이것이 배움의 첫걸음이다.

두근거림은 어려운 게 아니다. 신경 쓰이는 것, 의심 가는 것의 진상을 파악하면 속이 시원해진다. 모르는 것을 알아가는 즐거움이라는 감각을 깨닫게 되면 누가 시키지 않아도 스스로 공부하기 시작한다. 그러므로 눈에 보이는 것, 귀에 들리는 것을 궁금해하고 신경 쓰는 습관을 들이는 것이 중요하다. "뭐지?" 하며 궁금해하고 **다가가고 싶은 마음을 일상적으로 키워나가자.**

배움은 언뜻 귀찮은 작업처럼 생각될지도 모른다. 내 일 같지 않고 다른 사람이 해야 할 일처럼 느껴지기 때문이다. 하지만 지적 호기심이 움직이기 시작하면 반드시 즐거워진다. 일도 마찬가지이다. 스스로 즐겁다고 느끼고 행동하기 시작하면 알고 싶은 것이 많아진다. 할당량이나 책임감 따위는 어느새 사라져버리고 결과의 퀄리티가 자연스럽게 좋아진다.

알면 재미있고 알면 즐겁다. 알려고 행동하면 실력이 자라난다. 그러니 지시를 내리는 상대방과 함께 신경 쓰이는 것을 의식해서 찾아보자. 덤으로 커뮤니케이션 기술을 익힐 수 있고 의욕도 절로 불태울 수 있을 것이다.

### 의욕 충전 UP!

- 모르는 것에 대한 두근거림을 키운다.
- 호기심을 자극하면 스스로 공부한다.
- 세상의 불가사의에 대해 알게 되면 지적 호기심에 눈뜬다.

　나는 아이들에게 '노력하면 성공한다'가 아닌 '성공한 사람은 노력했다'라는 사고방식을 가르치고 있다. 우리는 '노력을 하면 보상을 받는다'는 쪽에 지나치게 치중하는 것 같다. 하지만 사회라는 현장에서는 '성공한 사람은 노력을 해왔다'는 현실적인 논리, 즉 결과 위주이다. 이렇게 이상과 다른 현실은 아이들의 세계에 좋지 않은 영향을 준다. 그래서 노력했는데도 신데렐라가 될 수 없었다는 게 때로는 문제가 되기도 한다.

　어느 지역의 유치원 극 '신데렐라'에서는 신데렐라 역에 여자아이 다섯 명이 무대에 죽 늘어선다고 한다. 차별을 가능한 한 하지 않겠다는 이유에서이다. 모두 노력하고 있으니 당연히 보상받아야 하고 평등하게 대우받아야 한다면서 말이다. 하지만 다섯 명의 공주라니 이상하지 않은가. 상식적으로 모두가 신데렐라가 되는 세계는 매우 이상하다. 현실에서는 신데렐라가 되는 사람이 드물기 때문이다. 순위를 매기지 않는 것이 차별을 없애는 것이라는 생각은 오산이다. 신데렐라 역할을 하는 아이들을 나란히 세우는 일을 평등하다고 말하기는 힘들다.

위와 같은 상황은 운동회에서 승부에 집착하는 자세는 그리 보기 좋지 않다고 생각하는 것과도 연결된다. 계주에서 주자 전원이 나란히 결승 테이프를 끊고 모두 1등이라 하는 것도 마찬가지이다.

하지만 실제 사회는 그렇지 않은 것이 현실이다. 순위가 있기 때문에 사회는 다양성이 보존되는 것이다. 잘하는 게 있으면 못하는 것도 있다. 각각의 사람이, 각각의 장소에서 1위를 노리면 된다. 개성은 존중받아야 하기 때문이다. 평등을 바란 나머지 개성을 평준화하면 열심히 노력한 결과가 드러나는 개성이 사라져버린다. 오히려 너무나 불평등하다.

진정한 평등을 위해서는 원하는 결과를 얻기 위해 다른 사람보다 잘하는 부분을 찾아 의욕을 불태우고 성장해가야 한다. 이는 '금메달이라는 커다란 목표를 노린 결과 국가 대표로 올림픽에 나갈 수 있어 좋았다'와 같은 사고방식이다. 비록 금메달은 딸 수 없었지만 올림픽에 나가기 위해 자기 앞에 있는 목표를 하나씩 달성하고 이겨왔다는 근사한 결과가 남아 있다. 금메달이라는 최종 목표는 달성할 수 없었지만 눈앞에까지 나아간 결과는 사라질 리 만무하다. 가능했던 사실 자체를 인정하는 게 중요하다. 그다음에 금메달을 놓쳤다는 아쉬움을 공유해도 좋다.

고쳐 말하면, '노력한다고 누구나 올림픽에 나갈 수 있는 것은 아니지만 올림픽에 나간 이는 예외 없이 노력한 것이다'라고 할 수 있다. **노력했다고 100퍼센트 보상받는 것은 아니지만 보상받은 사람은 빠짐없이 노력했다.** 노력하지 않는 사람은 보상받을 수 없다고 확실히 가슴에 새기도록 한다.

2014년 월드컵에서 일본 대표는 아쉽게도 그룹 리그에서 지고 말았다. 그 당시 세간에 노력이 부족했다는 비판의 목소리가 거셌지만, 나는 아이들에게 이렇게 말했다.

"국가 대표 선수들을 비판해서는 안 돼. 선수들은 자신의 팀에서 노력했고, 나라의 대표로 선발된 것이니까. 그리고 대표팀 감독에게 인정을 받아 스타팅 멤버로 뽑혔고 필드에 섰단다. 결과적으로는 졌을지 모르지만 그 무대에 서지도 못하는 선수의 수가 훨씬 많아. 어려운 경쟁에서 선발되어 승부에 임한 선수를 비판하다니 말도 안 되지."

승리가 중요하기는 하지만 그 노력에 대해 존경하는 마음이 필요하다. 그렇지 않으면 지는 것을 회피하고 아예 승부조차 하지 않으려 할 수 있다.

모든 도전에는 작은 목표와 최종 목표가 있다. 금메달이라는 최종 목표를 달성할 수 있다면 더할 나위가 없다. 하지만 그때까지 되도록이면 많이 **작은 목표를 달성하는 일은 커다란 성장으로 연결된다.** 신데렐라는 한 사람으로 충분하다. 그리고 신데렐라가 되지 못한 사람은 다른 개성을 살려서 다른 주인공이 되면 된다.

**의욕 충전 UP!** _____

– '노력하면 성공한다'가 아닌 '성공한 사람은 노력했다'는 사실을 인지한다.
– 작은 목표를 쌓아가면 큰 성장으로 연결된다.

"게임 금지!"

이러한 이야기를 들으면 어쩐지 게임을 하고 싶은 마음이 더욱 멈추지 않는다. 다이어트 중이어서 식사를 조절 중인데도 평상시보다 먹는 것이 신경 쓰이고 모든 음식이 맛있어 보이는 것도 같은 이치이다. 어머니가 쇼핑 중일 때 몰래 게임기의 전원을 켠다. 또 누군가의 눈을 훔쳐보면서 빵을 한 입 베어 문다. 이와 같은 경험은 누구나 있을 것이다.

**사람들에게는 하고 있는 걸 금지당하면 거꾸로 더 하고 싶어지는 성질이 있다.** '페인트칠 주의'라는 표시를 보고 무의식중에 만지고 싶어지는 게 전형적인 예이다. 이 성질은 반대로 상대방의 행동을 부추기고 싶을 때 유효하게 사용할 수 있다. 어린아이들이 "이제 안 놀 거야." 했을 때 "그럼 집에 갈까?"라고 말하면 놀라서 "놀 거야!"라고 외친다. 바로 이 작전이다. 예를 들면, "공부해."라고 말한다고 해도 대부분의 아이들은 의욕이 나오지 않는다. 이때 '이제 그만하자, 공부하지 마'라고 하면 '그렇게까지 말한다면 공부를 해볼까…'라고 생각할 것이다. 물론 그리 간단하게는 되지 않겠지만 효과는 있다.

어느 날 'NG 단어 작문'이라는 국어 수업을 진행한 적이 있다. 말 그대로 사용하면 안 되는 NG 단어를 정해서 작문을 하는 수업이다. 과제는 다음과 같았다.

"'즐겁다'라는 단어를 사용하지 않고 즐거운 마음을 문장으로 만드세요."

평소에 작문을 싫어하는 아이도 사용할 수 있는 단어가 무엇이 있는지 필사적으로 찾기 시작했다. 후보 단어를 찾고 나면 끙끙거리면서 문장을 써나갔다. 참고로 '즐겁다'를 NG 단어로 했을 때 가장 많이 선택된 단어는 '꽃'이었다. '마음에 꽃이 핀다'는 식으로 표현했는데 즐거움이 잘 표현된 것이 보였다. 그다음은 '즐겁다'에 '꽃'까지 NG 단어로 선정한 다음 새롭게 작문을 시작했다. 회를 거듭할수록 NG 단어를 점점 늘려나갔다. 단어를 선택하는 일이 어려워졌다. 아이들은 고민스러운 표정이 역력했지만 포기하지 않았다. NG, 즉 금지에는 이상한 힘이 있던 것이다. 수업이 끝날 무렵 작문이 너무 어렵다며 어두운 얼굴을 하고 있는 아이는 없었다.

예전에 NG 단어 작문의 최우수상을 초등 2학년 아이가 받았었다. "교육 실습생이 없어진 쓸쓸함을 '쓸쓸하다'라는 단어를 사용하지 않고 쓰세요."라는 문제에 대한 작품이었다.

'눈물의 기미가 보인다.'

'교생 선생님이 없어진 교실에는 가을의 차가운 바람이 불고 있다.'

반 전체가 "오!" 하며 환호했다. NG 단어를 피해 최고의 표현이 탄생한 순간이었다.

**하지 말라고 하면 더 하고 싶어진다는 마음의 움직임을 이끌어내는 요령은 '범위'를 설정하는 것이다.** 좋아하는 일을 마음껏 해보라고 이야기해도 어떻게 해야 할지 잘 몰라 마음이 산만해지기 십상이다. 이럴 때 행동을 제한하는 NG 사항을 제시함으로써 **범위를 좁혀주면 어떻게 생각해야 할지 명확해진다.**

사실 자유 주제가 가장 어렵다. 수준에 비해 범위가 지나치게 넓어서 두근거리는 포인트를 찾기 어렵고 의욕 또한 나오지 않기 때문이다. 잘 못하는 일을 맡게 되어 난감해하는 부하 직원이 있으면 과감히 범위, 즉 조건을 붙여주자. 조건을 달성하는 방법을 구체적으로 생각하는 사이에 '이 정도면 해도 되겠네요?'라는 식으로 가볍게 시작할 수 있을 것이다. 범위를 만드는 일은 제한을 두어 방해하는 게 아니라 오히려 의욕의 계기가 되어준다. 자유롭게 하도록 내버려두는 것보다 하지 말아야 할 일을 정해준다는 역발상이 생각하는 힘과 함께 능력을 발전시켜준다.

**의욕 충전 UP!**

– 제한을 두면 범위가 명확해지고 생각하기 쉬워진다.
– 금지하면 도망치는 길을 찾아 행동하기 시작한다.

콜럼버스의 달걀에 대해 들어본 적이 있는가? 달걀을 세우는 내기에서 모두가 실패했을 때 달걀 밑부분을 깨뜨려 간단히 세웠다는 이야기이다. 누구나 할 수 있을 것 같아도 처음에 먼저 실행하는 일은 어렵다는 의미를 담고 있다.

목표는 계란을 세우는 것이며 이를 달성하기 위한 방법은 어떤 것이라도 상관없다. 누구나가 믿고 있는 규칙도 절대적으로 지켜야 할 필요가 없다. **목표를 이루는 데에 필요 없는 규칙이라면 아예 버리는 것**도 때로는 중요하다. 물론 일반적인 규칙을 무시해서는 안 된다.

그런데 규칙을 누가 무슨 이유로 만든 것인지 알고 있는가? **규칙을 따르고 지키기 전에 그것이 정말로 필요한지 먼저 생각해보자.**

현재 내가 다니는 학교의 규칙도 바꾸었으면 하는 게 있다. 사소한 부분이지만 급식 식판이다. 초등학교에서는 대부분 플라스틱 식판을 사용하고 있다. 튼튼하고 가볍다는 이유로 떨어뜨려도 깨지지 않는 플라스틱을 고른 것이다. 아이들도 식판이 깨지지 않는다는 사실을 잘 알고 있다. 그래서 식판을 반납할 때 급한 마음에 다소 거칠게 떨어뜨리기도 한다. 반납하기 직전 5센티미터 정도에서 손을 놓아버리는 것이다.

하지만 모든 사람들이 사용하는 식판이니 소중히 다루어야 한다. 나는 아이들이 어렸을 때부터 공공성을 몸에 익혀 다른 사람을 배려하는 사람으로 자라나기를 바란다. 그래서 생각한 아이디어가 있는데, 바로 식판을 나무나 사기 그릇 같은 고급 식기로 바꾸는 것이다. 나의 목표는 모두가 사용하는 물건은 소중히 다루어야 한다는 공공성을 아이들이 배우는 것이다. 극단적이기는 하지만 깨뜨리면 변상할 수 없을 정도의 비싼 식판을 조심스럽게 반납하는 연습을 하고, 그 습관을 몸에 익혀나갔으면 한다.

물론 예산이 발생하는 것도 알고 깨졌을 때 안전 대책도 생각해두어야 한다. 그래도 바꾸면 안 된다는 규칙은 없다. 어렵다면 주 1회, 가정 실습실에서 도기와 유리 그릇으로 연습을 해보는 건 어떨까. 아이들에게 물건을 소중히 하는 습관과 공공성을 익히게 할 수 있다면 규칙을 바꿔서라도 가르칠 필요가 있다.

당연하다고 생각해왔던 규칙 중에 목표에 방해가 되는 것은 없는가? 다시 한 번 말하지만 무조건 배제한다고 해서 좋은 것이 아니다. **때로는 규칙 자체를 다시 생각해보는 유연한 발상이 필요하다.**

## 의욕 충전 UP! _____

- 규칙 자체를 의심하고 재고해본다.
- 유연한 발상이 결과를 향한 열쇠가 된다.
- 필요 없는 규칙을 과감히 버린다.

# 34 | 개인의 패배를
단체전에서 승리로 바꿔라

의욕은 스스로에게서 나온다. 이는 의욕을 가지고 **노력한
과제의 모든 성과는 본인의 것**이라는 말과 같다. 뿐만 아니라
**결과가 좋지 않다 하더라도 받아들이는 일 또한 본인**의 몫이
라는 의미이다.

사람들은 아무리 노력해도 이길 수 없는 분야가 존재한다.
나는 그림을 잘 못 그린다. 칠판에 설명을 위한 그림을 그리
고 나면 아이들이 웃을 정도이다. 회사나 학교에서 못하는 일
을 어쩔 수 없이 마주할 경우가 있다. 이럴 때는 못한다는 사
실을 인정하고 다음 승부로 몇 번이나 부딪혀봐야 한다. 아

무리 노력해도 나아지지 않는다면 이 또한 어쩔 수 없는 것이다.

이와 같은 개인의 패배를 최대로 커버해주는 것은 단체전이다. **팀원들이 각자 잘하는 분야를 파악해 그들을 적재적소에 배치하는 것으로, 모두가 잘하고 자신 있는 분야에서 활약할 수 있다.** 잘하는 분야에서 기여할 수 있으니 성과가 나오기 쉽고 인정도 받을 수 있다.

과제 자체가 어렵다면 어떨까? 그래도 괜찮다. 팀의 승리에 반드시 기여할 수 있기 때문이다. 요점은 팀에서 자신의 과제가 무엇인지 설정하는 것만 틀리지 않으면 평소에는 잘 못하던 분야에서도 이길 수 있다는 말이다.

우리 반의 이야기를 예로 설명해본다. 운동회에서 최대 과제는 우승하는 것이다. 그렇기 때문에 우승을 목표로 모든 경기의 전략을 짠다. 대회 당일까지 아이들은 필사적으로 연습하고 중간중간 달성도를 확인해서 작전을 계속 수정한다. 운동회는 스포츠를 잘하는 아이들에게는 즐거운 이벤트이지만 운동 신경이나 체력에 자신이 없는 아이들에게는 그렇지 않다. 팀 승리의 발목을 잡는다고 비난을 받거나 놀림을 당하면 운동이 더욱더 싫어질 것이다. 이때 '팀으로 승리한다'는 목표를 정하고 아이들을 적재적소에 배치해 가능한 한 성과를 낼 수 있도록 한다. 팀 승리에 기여할 수 있으면 우승한 순간 기쁨이 아이들 모두에게 공유되고 개인의 패배는 깨끗이 사라진다. 모두가 승리를 공유할 수 있게 되는 것이다.

발이 느린 아이가 있다고 하자. 팀 승리에 발목을 잡는다는 생각이 들면 운동회 당일에는 학교에 가고 싶지 않을 수 있다. 하지만 계주라는 팀 경기에서는 발이 느린 아이가 승리의 열쇠를 쥐게 된다. 무슨 말인가 하면, 발이 느린 아이는 트레이닝을 하면 곧바로 좋은 기록으로 이어진다. 발전 가능성이 큰 것이다. 발이 빠른 아이는 아무리 훈련을 해도 시간을 단축하는 데에 한계가 있다. 발이 느린 아이들의 시간 단축이 더 압도적이며 성과의 양이 훨씬 크다. 팀 전원의 합계 기록을 단축시켜가는 게 계주에서 이기는 데에 큰 영향을 주기 때문에 발이 느린 아이들의 노력에 따라 승부가 갈린다. 발이 빠른 아이들도 방과 후 운동장에서의 훈련에 합류한다. 모든 노력의 이유는 팀의 승리를 위한 것이다. 발이 빠른 아이가 아무리 노력해도 1초 정도밖에 단축시키지 못하는 것을 발이 느린 아이는 3초 이상 단축시킨다. 50미터를 12초로 달리는 아이가 노력해서 10초에 끊는다.

"너 굉장히 빨라졌다!"

"어쩌면 네가 계주의 구세주일지도 몰라!"

지금까지 칭찬받은 적이 없는 운동에서 칭찬받았으니 아이는 너무나 기쁠 것이다. 점점 의욕이 불붙고 자신감이 자라난다. 그렇게 싫었던 운동회가 점점 즐거워진다. 이처럼 전략을 잘 세우면 발이 느린 아이가 주자에 포함되어 있어도 계주에서 충분히 이길 수 있다.

참고로 달리는 순서를 정할 때 가장 느린 아이를 첫 번째로 배치한다. 다음으로 느린 아이는 두 번째, 그다음은 세 번째로 배치한다. 마지막 주자는 반에서 가장 빠른 아이이다. 계주에서 첫 번째 주자와 마지막 주자가 다른 팀과의 차이를 최소한으로 줄여주는 중요한 열쇠가 된다.

계주를 앞두고 아이들에게 각각의 미션을 설명했다. "옆 반에도 느린 친구가 있어. 빠른 아이는 어쩔 수 없지만 느린 아이와의 대결에서는 지지 않겠다는 마음가짐으로 임하자." 또는 "다른 주자와 사이가 벌어질 가능성은 높아. 기합을 빼라는 말은 하지 않을게. 하지만 차이는 트랙 반 바퀴 이내로 부탁해. 반 바퀴 이내라면 반드시 이길 수 있으니까."라고 시합이 시작되기 전에 말해두었다. 그리고 팀 전체에 전반은 인내하고 후반에서 승부를 가르자는 의식을 심어주었다. 계주가 본격적으로 시작되었고 1번 주자인 아이, 즉 반에서 제일 느린 아이가 꼴찌가 되지 않고 바통을 건넸다. 이에 주자 멤버인 아이들이 크게 흥분했다. 하이파이브를 하며 마중을 나가기도 했다. 하지만 역시 예상했던 대로 후반에 서서히 느려져 하위권으로 밀려났다. 그래도 차이를 최소한으로 좁히기 위해 아이들은 최선을 다했다. 후반이 되어 발이 빠른 아이들만 남았을 때 반드시 반격할 수 있으리라 믿고 있었기 때문이다. 전략대로 중반부터는 경쟁자들을 따라잡으며 제치기 시작했다. 이후 앞지르기만 하고 추월을 당하지 않았다. 마지막 주자는 독주했고 결국 우리 반이 큰 차이로 이겼다.

"해냈다!"

반 전원이 펄쩍펄쩍 뛰어오르며 기뻐했다.

발이 느린 아이도 **자신의 역할을 다했고 제대로 기여했다는 생각에 승리의 기쁨을 마음껏 맛보았다.** 운동을 잘 못하는 아이들에게 스스로의 힘으로 계주에서 우승했다는 경험은 무엇과도 바꿀 수 없는 자신감이 되어주었다.

개인의 패배를 살리는 것이 팀의 승리이다. 각각의 미션을 적재적소에 배치하고 **모두가 승리를 향해 가는 것**, 능력의 높고 낮음을 묻는 것이 아니라 각자가 과제를 완수하는 데에 집중해서 노력하는 것, 그리고 승리를 팀원 모두가 공유하는 것이 중요하다. 이는 팀에 패배한 사람은 하나도 없다는 의미와 같다. '개인이 못하는 일을 단체전의 승리로 커버한다'는 성공 체험이 잘 못하는 일을 받아들이는 노하우를 깨닫게 할 것이다.

## 의욕 충전 UP!

– 미션에만 집중하면 못하는 일을 대하는 방식이 바뀐다.

# 35 | 잘하는 것 vs. 의욕적으로 하고 싶은 것

앞에서도 설명했지만, 팀의 관리에서 중요한 것이 적재적소이다. 팀원을 각자의 능력에 맞는 일에 배치하면 팀에 최대 성과를 가져온다. 뭔가를 할 때 의욕은 결과를 바꾸는 주 요인이 된다. 선택지가 있는 경우는 가능한 한 자신이 잘하는 분야에 도전해서 의욕이 충만한 상태로 즐긴다면 쉽게 이길 수 있다. 단체전에서는 각자에게 역할을 분담한다. 가능하면 잘하는 사람에게 잘하는 것을 맡기고 각자가 갖고 있는 능력을 더욱더 갈고닦으면서 최대의 결과를 내는 것이 팀으로서 행복한 방침이다.

적재적소의 어려운 점은 잘하는 것과 하고 싶은 것이 다른 사람을 어떻게 할 것인가에 있다. 누가 봐도 못하는 분야인데 하고자 하는 의욕을 보이는 것이다. 확실히 의욕이 성과를 높이기는 하지만 다른 사람이 월등히 뛰어날 때가 있다.

'의욕이 있다고 해도 지금은 그 사람이 적합하지 않다. 팀 전체의 성과를 생각하면 하고 싶다며 손을 드는 사람 편을 들어주기 어려워. 게다가 능력이 높은 사람이 할 마음이 없다면 일은 더더욱 꼬일 텐데…'

자기 평가와 실제 평가가 크게 다른 사람을 자주 만나게 된다. 이렇게 되는 원인은 마음을 잘못 이해한 데에서 시작하는 경우가 많다. '잘하니까 즐겁다, 그래서 하고 싶다'가 아니라 동경하는 것에 지나지 않기 때문이다. '그 일을 해낸다면 근사할 것 같은데'라고 생각해서 마음이 두근거리고, 그 두근거림이 '하고 싶다'로 발전한다. 바람직한 의욕의 기본형이 아닌 것이다.

이 경우는 동경에서 오는 열의이므로 능력은 아직 미지수이다. 프로젝트에 따라서는 재능이 꽃필 수 있지만 승부가 달린 일에 쉽사리 모험을 할 수 없는 게 현실이다. 결과가 좋지 않으면 배치를 잘못했다며 비판의 대상이 될 수도 있다. 본인은 물론이고, 일을 맡긴 사람도 불행해지기에 신중하게 판단

해야 한다.

성과를 확실히 내기 위해서 팀 내의 배치를 정할 때 조건을 충족시키지 못하는 사람을 채용하기 어렵다. 하지만 얼굴을 마주하고 제외시키겠다고 솔직하게 전달하는 일 역시 쉽지 않다. 팀의 분위기가 나빠질 위험도 있다. 정말 난감한 이상황에서 어떻게 해야 할까?

팀에서 성과를 내는 게 목표라면 그 목표에 필요한 능력을 먼저 찾는다. 그 사람을 제대로 관찰하고, 반대로 그 사람이 잘하는 포지션을 제안한다. 설명을 할 때에는 주의가 필요하다. '이번 프로젝트에서 이 포지션은 당신 말고는 할 사람이 없다, 하고 싶다고 제안한 역할은 현재로서는 부담이 커서 우선은 다른 프로젝트의 역할을 부탁하고 싶다' 등 가능한 한 **다른 포지션에 집중할 수 있도록 칭찬의 말을 고른다.** 반드시 **칭찬을 통해 다음의 의욕으로 연결해주어야 한다.**

더 원만한 해결 방법은 정말로 재능이 있는 사람이 손을 들게끔 만드는 것이다. 그러나 이 또한 쉽지 않다. 일방적으로 부탁해서는 의욕이 자연스럽게 우러나오지 않기 때문이다. 가능하다면 상사가 아닌 최대한 많은 동료들이 지지해준다. 모두가 칭찬하고 있고, 지지자가 많다는 사실을 전달하며 의욕을 북돋우는 것이다. 이때 중요한 점은 정말 싫어한다면 과감히 포기하는 것이다. 의욕이 나오지 않는 상황에서는 본인도 불행해질 뿐만 아니라 역할을 다하지 못해 팀 전체의 사기를 떨어뜨릴 가능성이 있다. 어떠한 경우라도 강요해서는 안 된다. **본인 자신이 의욕을 느끼고 받아들여서 스스로 정했다는 사실 자체가 중요하다.** 팀의 관리에서 강제 명령은 현명한 방법이 아니다. 잘은 못하지만 의욕이 충만한 사람은 그 의욕만 그대로 팀을 살리는 방향으로 옮겨준다. 우선은 본인이 능력을 발휘할 수 있는 분야에서 자신의 의사대로 이끌어갈 수 있는 환경을 만들어주자.

적재적소는 의욕이 나오기 쉬운 환경을 만드는 기본이다. 적절하게 배치한다면 각자 최대의 의욕이 서로를 자극하고 성과는 곱절이 된다.

### 의욕 충전 UP!

- 의욕이 나오기 쉬운 적재적소가 최대의 성과를 내는 비결이다.
- 희망하는 역할에서 제외할 때는 칭찬으로 인정하면서 잘하는 분야로 이동시킨다.

## 경영력을 극대화시키는 6가지 포인트

　지시를 내릴 때 상대방을 중심으로 생각하기 시작하면 자신의 달성도 확인은 뒷전이 되기 십상이다. 이에 관리자, 상사, 리더로서 의식해두면 도움이 되는 포인트를 정리해서 소개해본다. 포인트는 6가지이며, 이 책에서 소개한 주요 참고 사항을 정리했다(옆에 제시된 숫자는 35가지 항목 중에서 관련된 내용이 있는 부분을 표시한 것이다). 강화하고 싶은 포인트를 중심으로 읽고 실행할 때 유용하게 쓰기를 바란다.

- 반응의 힘: 작은 성공을 몇 배로 늘리는 것은 수긍의 기술이다. → 17, 19, 20, 21, 24, 27, 30

- 캐릭터 파악: 매일의 관찰을 통해 상대방에 맞춰 지시를 바꾼다. → 04, 07, 18, 34

- 계단식 MC형 최상주의: 관리자의 주관보다 실무자의 개성을 우선시한다. → 07, 08, 09, 10, 12, 16, 25

- 바꾸는 힘: 기분 좋게 멈추고 기분 좋게 행동하는 환경을 만든다. → 13, 14, 15, 26, 33

- 전체를 바라보는 힘: 개성을 최대한 살리기 위해 전체를 파악한다. → 22, 29, 35

- 이면의 힘: 하나하나 확인해서 각각의 성과를 최대화한다. → 01, 02, 03, 04

## 나가며

　나는 미국 유학을 통해 코칭과 팀 빌딩team building(팀원들의 작업 및 의사소통 능력, 문제 해결 능력을 향상시켜 조직의 효율을 높이려는 조직 개발 기법 - 옮긴이)을 배웠다. 현재 몸담고 있는 초등학교의 도움에 힘입어 평소에도 비즈니스 스쿨이나 기업 매니지먼트 연수 등 다양한 곳에서 강의를 하고 있다. 이때 '의욕은 어떻게 해야 나옵니까?, 의욕을 끄집어낼 수가 있나요?'라는 질문을 많이 그리고 자주 받는다.

　이 책을 읽고 나면 위의 질문에 대한 답을 찾을 수 있을 것이다. 의욕은 강요하는 게 아니라 스스로 나오게 하는 것이라는 사실을 말이다. 동기 부여만 잘 된다면 내재된 의욕이 쉽게 나올 수 있다. 리더의 위치에 있는 사람들은 가능한 한 이 동기 부여를 마련해주는 환경을 조성하는 데에 힘써야 한다.

의욕을 끄집어내는 장치는 반드시 존재한다. 리더에게 중요한 것은 이 장치를 설치한 다음 상대방을 믿고 기다리는 것 아닐까. 즉, 부하 직원이나 후배 혹은 자녀가 '다음에도 할 수 있을 거야'라고 자신을 믿고 행동할 때까지 그저 믿고 기다려 주는 것이다.

사회는 실력주의를 바탕으로 하는 단체전과 같다. 최대의 성과를 손에 넣기 위해서는 동료의 힘을 빌리는 것이 키포인트이다. 당신이 리더나 관리자의 입장이라면 더욱 그러하다. 혼자서 하는 편이 빠르다는 말은 차치하고, 당신 자신이 목표로 하는 최종 목표의 성과를 두 배 이상 늘리기 위해서라도 전투력을 후배나 부하 직원에게 나눠주고, 지켜보며, 기다리는 용기를 가지기를 바란다.

누마타 아키히로

# 의욕적이려면
## 무엇이 필요할까?

초판 발행 2017년 12월 13일

**지은이** 누마타 아키히로
**옮긴이** 정혜주

**펴낸이** 구난영
**경영총괄** 이총석
**디자인** 데시그

**펴낸곳** 도슨트
**주　소** 경기도 파주시 산남로 183-25
**전　화** 070-4797-9111
**이메일** docent2016@naver.com

ISBN 979-11-88166-13-8 (03320)

도슨트 출판사는 독자 여러분의 참신한 아이디어가 담긴 원고를 기다리고 있습니다.
책 출간을 원하는 분은 docent2016@naver.com으로 간략한 도서정보와 연락처를 보내주세요.
소중한 경험과 지식을 기다리고 있습니다.